日常生活实用民法手册

蓝剑 著

中国财富出版社有限公司

图书在版编目（CIP）数据

日常生活实用民法手册/蓝剑著.—北京：中国财富出版社有限公司，2021.12（2023.11 重印）

ISBN 978-7-5047-7630-3

Ⅰ.①日⋯　Ⅱ.①蓝⋯　Ⅲ.①民法—中国—手册　Ⅳ.①D923-62

中国版本图书馆CIP数据核字（2021）第267087号

策划编辑	李　伟	责任编辑	邢有涛　张天穹		
责任印制	梁　凡	责任校对	卓闪闪	责任发行	黄旭亮

出版发行	中国财富出版社有限公司		
社　　址	北京市丰台区南四环西路188号5区20楼	邮政编码	100070
电　　话	010-52227588 转 2098（发行部）　　010-52227588 转 321（总编室）		
	010-52227566（24小时读者服务）　　010-52227588 转 305（质检部）		
网　　址	http://www.cfpress.com.cn	排　版	宝蕾元
经　　销	新华书店	印　刷	宝蕾元仁浩（天津）印刷有限公司
书　　号	ISBN 978-7-5047-7630-3/D·0189		
开　　本	880mm×1230mm　1/32	版　次	2022年1月第1版
印　　张	3.5	印　次	2023年11月第2次印刷
字　　数	78千字	定　价	25.00元

版权所有·侵权必究·印装差错·负责调换

前言

《中华人民共和国民法典》(以下简称《民法典》)是中华人民共和国第一部以法典命名的法律,被称为"社会生活的百科全书",是人们实施民事行为的法律准则,准确理解和适用《民法典》至关重要。作者遵从《民法典》的核心理念,从《民法典》的组成入手,收集、整理了一些人们日常生活中关注的热点事例,对《民法典》的相关条文进行解读和应用,旨在帮助人们更加准确地理解和适用《民法典》的相关规定。本书可以作为《民法典》的相关资料用书,也可以作为法律工作者办案的参考书籍。

目 录

一 总则编

基本规定	01
自然人的民事权利能力和民事行为能力	01
监　护	03
宣告失踪和宣告死亡	06
个体工商户和农村承包经营户	08
法　人	08
营利法人和非营利法人	09
特别法人	10
非法人组织	10
民事权利	11
民事法律行为的效力	12
代　理	15
民事责任	16
诉讼时效的期间计算	18

二　物权编

物权的设立、变更、转让和消灭	21
不动产登记	21
物权的保护	22
国家所有权和集体所有权、私人所有权	22
业主的建筑物区分所有权	23
共　有	24
遗失物处理的规则	25
土地承包经营权	26
建设用地使用权	27
居住权	27
担保物权的一般规定	28
抵押权	29
质权（权利质权）	32
占　有	32

三　合同编

合同的订立	34
合同的效力	37
合同的履行	37
合同的保全	39

合同的变更和转让	40
合同的权利义务终止	40
违约责任	41
买卖合同	42
赠与合同	43
借款合同	44
保证合同	45
租赁合同	47
保理合同	50
承揽合同	51
建筑工程合同	51
运输合同	52
技术合同	53
保管合同	54
委托合同	54
物业服务合同	55
中介合同	56
合伙合同	57
不当得利	58

四 人格权编

一般人格权	59

死者人格权利益保护	60
违约精神损害赔偿	61
无偿捐献人体细胞、组织、器官和遗体	61
性骚扰的民事责任与单位预防义务	62
人身自由权	63
姓名权和名称权	64
肖像权	65
隐私权和个人信息保护	66

五　婚姻家庭编

一般规定	67
结　婚	68
夫妻共同财产	70
夫妻共同债务	72
父母子女关系	73
离　婚	75
收　养	78

六　继承编

一般规定	80
法定继承	81

遗嘱继承 82

遗产的处理 83

限定继承 84

七 侵权责任编

一般规定 85

损害赔偿 86

责任主体的特殊规定 87

产品责任 91

机动车交通事故责任 91

医疗损害责任 93

环境污染和生态破坏责任 96

高空危险责任 97

饲养动物损害责任 98

在公共道路上妨碍通行物品致害的侵权责任 99

林木致害的过错推定责任 99

一 总则编

基本规定

1.《民法典》都涉及哪些内容?

《民法典》涉及人们生活的方方面面,包括自然人从出生到死亡,法人和非法人组织从成立到终止的所有民事法律行为。

《民法典》第二条:民法调整平等主体的自然人、法人和非法人组织之间的人身关系和财产关系。

自然人的民事权利能力和民事行为能力

2.小明的实际年龄比其户口簿和身份证上登记的年龄大一岁。现在小明参军,因身份证记载年龄未满参军的最低年龄——十七周岁被拒参军,怎么办?

根据《民法典》第十五条规定,自然人的出生时间和死亡时间,以出生证明、死亡证明记载的时间为准;没有出生证明、死亡证明的，以户籍登记或者其他有效身份登记记载的时间为准。有其他证据足以推翻以上记载时间的，以该证据证明的时间为准。

3.小红的出生证明与户口本记载的出生时间不一致，入学时应以哪个时间为准？

根据《民法典》第十五条规定，以出生证明记载的时间为准。

《民法典》第十五条：自然人的出生时间和死亡时间，以出生证明、死亡证明记载的时间为准；没有出生证明、死亡证明的，以户籍登记或者其他有效身份登记记载的时间为准。有其他证据足以推翻以上记载时间的，以该证据证明的时间为准。

4.军军今年满16周岁了，父母离异后随母亲生活，以自己打工的收入为主要生活来源。请问其父亲可以拒绝支付抚养费吗？

可以。

《民法典》第十八条第二款：十六周岁以上的未成年人，以自己的劳动收入为主要生活来源的，视为完全民事行为能力人。

5.小芳已满8周岁，为限制民事行为能力人，她可以自己接受亲戚赠与的生日礼物吗？

可以。

《民法典》第十九条：八周岁以上的未成年人为限制民事行为能力人，实施民事法律行为由其法定代理人代理或者经其法定代理人同意、追认；但是，可以独立实施纯获利益的民事法律行为或者与其年龄、智力相适应的民事法律行为。

6. 千万不要擅自借钱给未成年且无劳动收入的人，得不到其家长追认的借款无效，将面临无法追偿的风险。这种说法对吗？

正确。

《民法典》第十九条规定，限制民事行为能力人，实施民事法律行为由其法定代理人代理或者经其法定代理人同意、追认。

7. 欢欢刚年满7周岁，将爷爷送给他的生日金锁便宜卖给了二手市场，其父母能要求退回吗？

可以。

《民法典》第二十条：不满八周岁的未成年人为无民事行为能力人，由其法定代理人代理实施民事法律行为。

8. 未满八周岁的孩子给主播打赏，是否应全额退款。

应该。

《民法典》第二十条：不满八周岁的未成年人为无民事行为能力人，由其法定代理人代理实施民事法律行为。因此，其独立实施的民事法律行为是无效的，给主播的打赏应全额退款。

监 护

9. 失能老人的民事法律行为有效吗？

视情况而定。

《民法典》第二十二条：不能完全辨认自己行为的成年人为限制民事行为能力人，实施民事法律行为由其法定代理人代理或者经其法定代理人同意、追认；但是，可以独立实施纯获利益的民事法律行为或者与其智力、精神健康状况相适应的民事法律行为。

10.小红年幼，家人因新冠肺炎疫情被隔离，谁来照顾她？

根据《民法典》第三十四条的规定，由其住所地的居民委员会、村民委员会或者民政部门来照顾她。

《民法典》第三十四条第四款：因发生突发事件等紧急情况，监护人暂时无法履行监护职责，被监护人的生活处于无人照料状态的，被监护人住所地的居民委员会、村民委员会或者民政部门应当为被监护人安排必要的临时生活照料措施。

11.张华夫妇的独生儿子在国外工作，张华夫妇担心日后自己年迈丧失民事行为能力时无人照料，便和外甥商量，以书面形式确定外甥为自己的监护人，由外甥在他们丧失或者部分丧失民事行为能力时，履行监护责任。张华夫妇的行为合法吗？

完全符合《民法典》第三十三条关于"意定监护"的相关规定。

《民法典》第三十三条：具有完全民事行为能力的成年人，可以与其近亲属、其他愿意担任监护人的个人或者组织事先协商，以书面形式确定自己的监护人，在自己丧失或者部分丧失民事行为能力时，由该监护人履行监护职责。

12.父母可以任意支配未成年子女的存款吗？

不可以。

《民法典》第三十五条：监护人应当按照最有利于被监护人的原则履行监护职责。监护人除为维护被监护人利益外，不得处分被监护人的财产。所以，父母无权任意支配被监护子女的存款。

13.王二不孝，经常谩骂卧床的年迈母亲，有时甚至嫌弃母亲大小便而不给她吃饭，但他又怕遭人指责，不让其姐接走母亲照顾。于是，其姐向人民法院起诉，要求撤销王二的监护人资格，可行吗？

可行。

《民法典》第三十六条：监护人有下列情形之一的，人民法院根据有关个人或者组织的申请，撤销其监护人资格，安排必要的临时监护措施，并按照最有利于被监护人的原则依法指定监护人：

(一)实施严重损害被监护人身心健康的行为；

(二)怠于履行监护职责，或者无法履行监护职责且拒绝将监护职责部分或者全部委托给他人，导致被监护人处于危困状态；

(三)实施严重侵害被监护人合法权益的其他行为。

14.上述案例中王二被撤销监护人资格后，可以不支付母亲赡养费吗？

不可以。

《民法典》第三十七条：依法负担被监护人抚养费、赡养费、扶养费的父母、子女、配偶等，被人民法院撤销监护人资格后，应当继续履行负担的义务。

15.张三嗜酒，经常于酒后虐待其收养的未成年儿子，经民政部门向人民法院申请，撤销其监护人资格，临时指定其他人为监护人。张三后来为此戒酒，诚意悔改，想恢复其监护人资格，怎么办？

根据《民法典》第三十八条的规定，张三可以向人民法院提出申请，人民法院可以在尊重被监护人真实意愿的前提下，视情况恢复其监护人资格，人民法院指定的监护人与被监护人的监护关系同时终止。

《民法典》第三十八条：被监护人的父母或者子女被人民法院撤销监护人资格后，除对被监护人实施故意犯罪的外，确有悔改表现的，经其申请，人民法院可以在尊重被监护人真实意愿的前提下，视情况恢复其监护人资格，人民法院指定的监护人与被监护人的监护关系同时终止。

宣告失踪和宣告死亡

16. 丈夫下落不明，妻子能离婚吗？

能。

《民法典》第四十条：自然人下落不明满二年的，利害关系人可以向人民法院申请宣告该自然人为失踪人。又根据《民法典》第一千零七十九条规定，一方被宣告失踪，另一方提起离婚诉讼的，应当准予离婚。

17. 吴某单身，下落不明已满二年，其公司财产由侄子代管。其侄子向人民法院申请吴某失踪后，可以自行处分该财产吗？

不可以。

《民法典》第四十三条：财产代管人应当妥善管理失踪人的财产，维护其财产权益。失踪人所欠税款、债务和应付的其他费用，由财产代管人从失踪人的财产中支付。财产代管人因故意或者重大过失造成失踪人财产损失的，应当承担赔偿责任。

18. 失踪人吴某三年后在外经商归来，欲重新启用三年前交由其侄子管理的公司财产，其侄子借口这几年维修、维护付出很多，不予归还，怎么办？

《民法典》第四十五条：失踪人重新出现，经本人或者利害关系人申请，人民法院应当撤销失踪宣告。失踪人重新出现，有权请求财产代管人及时移交有关财产并报告财产代管情况。但根据《民法典》第九百七十九条关于"无因管理"的相关规定，其侄子可以请求吴某偿还因管理事务而支出的必要费用，因管理事务受到损失的，可以请求受益人给予适当补偿。

19. 刘大下落不明已满四年，他的朋友说刘大已经去世，于是其妻申请人民法院宣告刘大死亡。后其妻嫁人，两人的子女均被他人收养。七年后刘大回来，死亡宣告撤销后，刘大以未经本人同意收养其子女为由，主张他人收养行为无效。按照《民法典》的规定，刘大的主张能得到法律支持吗？

不能。

《民法典》第五十二条：被宣告死亡的人在被宣告死亡期间，其子女被他人依法收养的，在死亡宣告被撤销后，不得以未经本人同意为由主张收养行为无效。

个体工商户和农村承包经营户

20. 个体工商户的债务如何承担？

《民法典》五十六条：个体工商户的债务，个人经营的，以个人财产承担；家庭经营的，以家庭财产承担；无法区分的，以家庭财产承担。

21. 王二家是农村承包经营户，其大儿子已成年，未婚，向农村信用社贷款建设、经营蔬菜大棚，这笔贷款应该由谁承担？

《民法典》第五十六条第二款：农村承包经营户的债务，以从事农村土地承包经营的农户财产承担；事实上由农户部分成员经营的，以该部分成员的财产承担。

法 人

22. 法人是自然人吗？

《民法典》第五十七条：法人是具有民事权利能力和民事行为能力，依法独立享有民事权利和承担民事义务的组织。所以，法人是依法成立的组织，不是自然人。

23. 法人和法定代表人究竟是什么关系？

《民法典》第五十七条：法人是具有民事权利能力和民事行

为能力，依法独立享有民事权利和承担民事义务的组织。

《民法典》第六十一条：依照法律或者法人章程的规定，代表法人从事民事活动的负责人，为法人的法定代表人。法定代表人以法人名义从事的民事活动，其法律后果由法人承受。

24.如果法人合并、分立、解散、破产、终止，那么债务由谁来承担？

根据《民法典》第六十七条、第六十八条、第六十九条、第七十三条的规定，法人合并的，由合并后的法人承担；法人分立的，由分立后的法人承担连带债务，但是债权人和债务人另有约定的除外；法人终止的，无论解散、破产，都需要清算，由法人依法承担债务后，法人方可终止。

营利法人和非营利法人

25.如何区别营利法人和非营利法人？

《民法典》第七十六条：以取得利润并分配给股东等出资人为目的成立的法人，为营利法人。营利法人包括有限责任公司、股份有限公司和其他企业法人等。

《民法典》第八十七条：为公益目的或者其他非营利目的成立，不向出资人、设立人或者会员分配所取得利润的法人，为非营利法人。非营利法人包括事业单位、社会团体、基金会、社会服务机构等。

特别法人

26. 特别法人有哪些类型?

《民法典》第九十六条：本节规定的机关法人、农村集体经济组织法人、城镇农村的合作经济组织法人、基层群众性自治组织法人，为特别法人。

非法人组织

27. 什么是非法人组织?

《民法典》第一百零二条：非法人组织是不具有法人资格，但是能够依法以自己的名义从事民事活动的组织。非法人组织包括个人独资企业、合伙企业、不具有法人资格的专业服务机构等。

28. 赵大想创业，但不知道该注册为个人独资企业，还是注册为有限责任公司。从民事责任的角度看，二者有什么区别?

根据《民法典》第六十条规定，有限责任公司"法人以其全部财产独立承担民事责任"。

根据《民法典》第一百零二条和第一百零四条规定，个人独资企业为非法人组织，其"财产不足以清偿债务的，其出资人或者设立人承担无限责任。法律另有规定的，依照其规定"。

民事权利

29. 苟某被别人冒名顶替上大学，那么冒名顶替者违反了《民法典》中的哪些条款？冒名顶替者以及共同实施侵权行为者应该承担什么责任？

首先，违反了《中华人民共和国宪法》第四十六条有关公民的受教育权利的规定。其次，违反了《民法典》第一百一十条有关自然人享有的姓名权和第一百一十一条有关自然人的信息权的规定。按照《民法典》第一千一百六十五条、第一千一百六十八条、第一千一百六十九条、第一千一百八十三条的相关规定，可以要求顶替者、顶替者的父母以及相关帮助人承担民事连带责任。被顶替者所在的高中、申请的大学对于冒名顶替的发生存在过失的，也应承担责任。

30. 某美容院把客户信息偷偷提供给某瑜伽馆，美容院的做法合法吗？

不合法。

《民法典》第一百一十一条：自然人的个人信息受法律保护。任何组织或者个人需要获取他人个人信息的，应当依法取得并确保信息安全，不得非法收集、使用、加工、传输他人个人信息，不得非法买卖、提供或者公开他人个人信息。

31. 虚拟财产受法律保护吗？网络账号可以继承吗？

受保护，可以继承。

《民法典》第一百二十四、第一百二十七条规定，自然人合法的私有财产，可以依法继承。法律对数据、网络虚拟财产予以保护。

《民法典》第一百二十四条：自然人依法享有继承权。自然人合法的私有财产，可以依法继承。

《民法典》第一百二十七条：法律对数据、网络虚拟财产的保护有规定的，依照其规定。

32. 黑客入侵，游戏账号被盗，装备丢失，怎么办？

根据《民法典》第一百二十七条规定，网络虚拟财产受法律保护，可以维权。如果丢失的游戏装备价值较大，可以向公安机关报案，将依据《中华人民共和国刑法》第二百六十四条规定，依法追究刑事责任。

民事法律行为的效力

33. 租赁合同届满，承租人继续交付租金且出租人接受，可以推知为延展租赁期吗？

可以。

《民法典》第一百四十条：行为人可以明示或者默示作出意思表示。沉默只有在有法律规定、当事人约定或者符合当事人之间的交易习惯时，才可以视为意思表示。

34. 被"捉奸在床"者被迫写下的欠条是否有效？

无效。

《民法典》第一百五十条：一方或者第三人以胁迫手段，使对方在违背真实意思的情况下实施的民事法律行为，受胁迫方有权请求人民法院或者仲裁机构予以撤销。

35. 刘某外债压力较大，某煤矿趁机将刘某在该煤矿价值248万元的债权以100万元的价格回购，事后刘某认为显失公平，他有权向人民法院请求撤销该回购行为吗？

有权。

《民法典》第一百五十一条：一方利用对方处于危困状态、缺乏判断能力等情形，致使民事法律行为成立时显失公平的，受损害方有权请求人民法院或者仲裁机构予以撤销。但是，根据《民法典》第一百五十二条的规定，当事人必须自胁迫行为终止之日起一年内行使撤销权。

36. 丁某以欺诈手段，使贾某在违背真实意思的情况下，为明知该欺诈行为的梁某贷款提供担保。贾某后来得知事实真相，向人民法院起诉，要求撤销该民事行为。贾某能胜诉吗？

贾某只要在法定期限内起诉撤销，应当胜诉。

《民法典》第一百四十九条：第三人实施欺诈行为，使一方在违背真实意思的情况下实施的民事法律行为，对方知道或者应当知道该欺诈行为的，受欺诈方有权请求人民法院或者仲裁机构予以撤销。但是根据《民法典》第一百五十二条的规定，有下列情形之一的，撤销权消灭：

（一）当事人自知道或者应当知道撤销事由之日起一年内、重大误解的当事人自知道或者应当知道撤销事由之日起九十日内没有行使撤销权；

（二）当事人受胁迫，自胁迫行为终止之日起一年内没有行使撤销权；

（三）当事人知道撤销事由后明确表示或者以自己的行为表明放弃撤销权。当事人自民事法律行为发生之日起五年内没有行使撤销权的，撤销权消灭。

37.在一次交通事故中，老宿的儿子和老伴儿均去世，家中只剩老宿和其儿媳、孙子三人。日久生情，老宿和儿媳产生爱情，在民政部门不知二人关系的情况下领取了结婚证书。后来孙子成年，对这种家庭关系感到尴尬，强烈要求其母与其爷爷解除婚姻关系，请问老宿与其儿媳的婚姻关系有效吗？

应该无效。

《民法典》第一百五十三条：违背公序良俗的民事法律行为无效。

38.某女子为得到男方父母赠与的结婚用房，自己不喜欢男方，还故意与其结婚，得到了男方父母赠与的房屋，且房本写上男女双方名字后，女方便马上提出离婚。请问离婚时女方能分得一半房产吗？

不能。

《民法典》第一百五十九条：附条件的民事法律行为，当事人为自己的利益不正当地阻止条件成就的，视为条件已经成就；不正当地促成条件成就的，视为条件不成就。

代 理

39.某房产公司销售经理,在销售房产的过程中对客户进行虚假宣传,说该小区附近已有教育用地获批,将有学校入驻,导致不少客户为此买了房子。房产公司销售经理的行为是否应当认定为该房产公司的行为呢?

应该认定为该房产公司的行为。

《民法典》第一百七十条:执行法人或者非法人组织工作任务的人员,就其职权范围内的事项,以法人或者非法人组织的名义实施的民事法律行为,对法人或者非法人组织发生效力。法人或者非法人组织对执行其工作任务的人员职权范围的限制,不得对抗善意相对人。

40.某律师代理一起借款纠纷案件,开庭前当事人因疾病死亡,那么开庭时律师还有权出庭吗?

有权出庭。

根据《民法典》第一百七十四条的规定,被代理人死亡前已经实施,为了被代理人的继承人的利益继续代理的,委托代理人实施的代理行为有效。

民事责任

41. 路上救助发病的老人，被讹诈，纠纷过程中拉伤老人胳膊，老人要求赔偿，应承担赔偿责任吗？

《民法典》第一百八十四条：因自愿实施紧急救助行为造成受助人损害的，救助人不承担民事责任。

42. 人们常说"承担民事责任"，到底如何承担？

《民法典》第一百七十九条规定，承担民事责任的方式主要有：停止侵害；排除妨碍；消除危险；返还财产；恢复原状；修理、重作、更换；继续履行；赔偿损失；支付违约金；消除影响、恢复名誉；赔礼道歉。法律规定惩罚性赔偿的，依照其规定。本条规定的承担民事责任的方式，可以单独适用，也可以合并适用。

43. 河南省郑州市的甲公司与陕西省西安市乙公司签订了供货合同。2021年7月19日下午郑州突发暴雨，甲公司未能按照合同约定履行发货义务，给乙公司造成了很大的损失，乙公司可以要求甲公司赔偿损失吗？

不可以。

《民法典》第一百八十条：因不可抗力不能履行民事义务的，不承担民事责任。法律另有规定的，依照其规定。不可抗力是不能预见、不能避免且不能克服的客观情况。

44.小王路遇一男子正在对一女子施暴，小王毫不犹豫地上前阻止，但在阻止过程中致男子受伤，小王是否需要对施暴男子承担民事责任？

《民法典》第一百八十一条：因正当防卫造成损害的，不承担民事责任。正当防卫超过必要的限度，造成不应有的损害的，正当防卫人应当承担适当的民事责任。

因此，正当防卫在合理限度内造成的伤害不需要承担民事责任。

45.第44条案例中，在阻止男子对女子施暴过程中，小王的名牌眼镜被对方打坏，他该如何索赔？

根据《民法典》第一百八十三条规定，小王可以直接向施暴男子索赔，若施暴者逃跑或者无力赔偿，那么被救女子应当给予小王适当补偿。

《民法典》第一百八十三条：因保护他人民事权益使自己受到损害的，由侵权人承担民事责任，受益人可以给予适当补偿。没有侵权人、侵权人逃逸或者无力承担民事责任，受害人请求补偿的，受益人应当给予适当补偿。

46.网络上出现对邱少云烈士英勇行为予以质疑和讽刺的言论，那些质疑和讽刺者们应当承担责任吗？

应当承担责任。

《民法典》第一百八十五条：侵害英雄烈士等的姓名、肖像、名誉、荣誉，损害社会公共利益的，应当承担民事责任。

47.王三因结伙斗殴,被公安机关行政拘留15天,罚款1000元,另外受害者需要5000元住院治疗费用,现在王三只有3000元,怎么办?

根据《民法典》第一百八十七条规定,应当优先支付受害者的医疗费。

《民法典》第一百八十七条:民事主体因同一行为应当承担民事责任、行政责任和刑事责任的,承担行政责任或者刑事责任不影响承担民事责任;民事主体的财产不足以支付的,优先用于承担民事责任。

诉讼时效的期间计算

48.向人民法院请求保护民事权利有时效要求吗?

有时效要求。

《民法典》第一百八十八条:向人民法院请求保护民事权利的诉讼时效期间为三年。法律另有规定的,依照其规定。

诉讼时效期间自权利人知道或者应当知道权利受到损害以及义务人之日起计算。法律另有规定的,依照其规定。但是,自权利受到损害之日起超过二十年的,人民法院不予保护,有特殊情况的,人民法院可以根据权利人的申请决定延长。

49.被拆迁人因遭受胁迫而违背真实意愿签订的补偿安置协议,可以主张撤销吗?诉讼时效如何确定?

《民法典》第一百五十条:一方或者第三人以胁迫手段,使对方在违背真实意思的情况下实施的民事法律行为，受胁迫方有权请求人民法院或者仲裁机构予以撤销。同时，根据《民法典》第一百五十二条的规定，当事人必须自胁迫行为终止之日起一年内行使撤销权。

50.哪些请求权不受诉讼时效限制？

《民法典》第一百九十六条，下列请求权不适用诉讼时效的规定：请求停止侵害、排除妨碍、消除危险；不动产物权和登记的动产物权的权利人请求返还财产；请求支付抚养费、赡养费或者扶养费；依法不适用诉讼时效的其他请求权。

51.分期履行债务的诉讼时效如何计算？

《民法典》第一百八十九条：当事人约定同一债务分期履行的，诉讼时效期间自最后一期履行期限届满之日起计算。

52.甲乙双方在合同中约定了诉讼时效条款，有效吗？

无效。

《民法典》第一百九十七条第一款：诉讼时效的期间、计算方法以及中止、中断的事由由法律规定，当事人约定无效。

53.谷某借钱给别人，借条没有写明归还时间，现在已过去三年，对方仍未还钱，谷某想起诉至法院，请问该借条还有效吗？

只要是合法签订的真实有效的借条，无论多久，借条本身都是有效的，只是要注意是否超过了诉讼时效，能否得到法律的保护。如果没有约定归还时间，则根据《民法典》第一百八十八条第二款规定，适用最长的诉讼时效为二十年。

《民法典》第一百八十八条：向人民法院请求保护民事权利

的诉讼时效期间为三年。法律另有规定的，依照其规定。

诉讼时效期间自权利人知道或者应当知道权利受到损害以及义务人之日起计算。法律另有规定的，依照其规定。但是，自权利受到损害之日起超过二十年的，人民法院不予保护，有特殊情况的，人民法院可以根据权利人的申请决定延长。

54. 阿红上初一时遭到性侵害，她一直不敢声张，十八岁成年后事情已经过去多年，还能起诉吗？

可以。

《民法典》第一百九十一条：未成年人遭受性侵害的损害赔偿请求权的诉讼时效期间，自受害人年满十八周岁之日起计算。

55. 杨某给某公司供应混凝土，某公司两年多未给付货款。无奈，杨某向该欠款公司邮寄送达了一份催收到期款项通知单，该公司在通知单上签字盖章，表示认可，但仍不还款。现在已经欠款三年多了，杨某还可以向法院起诉吗？

只要债务人在催收单签字的时间距离起诉时间不超过三年，就可以起诉。根据《民法典》第一百九十五条的规定，义务人同意履行义务的，诉讼时效中断，从中断、有关程序终结时起，诉讼时效期间重新计算。

物权编

物权的设立、变更、转让和消灭

1.买房没有办理过户登记,受法律保护吗?

受保护。

《民法典》第二百一十五条:当事人之间订立有关设立、变更、转让和消灭不动产物权的合同,除法律另有规定或者当事人另有约定外,自合同成立时生效;未办理物权登记的,不影响合同效力。

不动产登记

2.小华因离婚案件涉及共同财产分割问题,需要复制其与丈夫在婚姻期间共同购买的登记在丈夫一人名下的房产资料,遭到不动产中心的拒绝,理由是必须让小华丈夫本人来。不动产中心的行为合法吗?

不动产中心的行为是违法的。

《民法典》第二百一十八条：权利人、利害关系人可以申请查询、复制不动产登记资料，登记机构应当提供。

物权的保护

3.房屋被错误认定为违建并拆除，怎么办？

《民法典》第二百三十七条：造成不动产或者动产毁损的，权利人可以依法请求修理、重作、更换或者恢复原状。

国家所有权和集体所有权、私人所有权

4.征收集体所有的土地，到底应当给予农民哪些补偿费用？

《民法典》第二百四十三条：征收集体所有的土地，应当依法及时足额支付土地补偿费、安置补助费以及农村村民住宅、其他地上附着物和青苗等的补偿费用，并安排被征地农民的社会保障费用，保障被征地农民的生活，维护被征地农民的合法权益。征收组织、个人的房屋以及其他不动产，应当依法给予征收补偿，维护被征收人的合法权益；征收个人住宅的，还应当保障被征收人的居住条件。

5.有农民反映其农村土地被征收后，村委会以各种理由截留或者私分农民补偿款，村委会的做法合法吗？

不合法。

《民法典》第二百四十三条规定，任何组织或者个人不得贪污、挪用、私分、截留、拖欠征收补偿费等费用。

6.杨三举报在国有企业改制过程中，某国营商场存在明显的低价转让情况，请问杨三的举报有法律依据吗？

有。

《民法典》第二百五十九条：违反国有财产管理规定，在企业改制、合并分立、关联交易等过程中，低价转让、合谋私分、擅自担保或者以其他方式造成国有财产损失的，应当依法承担法律责任。

业主的建筑物区分所有权

7.某小区物业允许商家在公用电梯上做广告宣传并收取广告费，并且还将业主共有的其他场地用于临时停车场收取停车费，请问物业收取的这些费用应当属于业主共有吗？

属于业主共有。

《民法典》第二百七十二条：业主对其建筑物专有部分享有占有、使用、收益和处分的权利。业主行使权利不得危及建筑物的安全，不得损害其他业主的合法权益。

《民法典》第二百七十五条：建筑区划内，规划用于停放汽车的车位、车库的归属，由当事人通过出售、附赠或者出租等方式约定。

占用业主共有的道路或者其他场地用于停放汽车的车位，属于业主共有。

《民法典》第二百八十二条：建设单位、物业服务企业或者其他管理人等利用业主的共有部分产生的收入，在扣除合理成本之后，属于业主共有。

8.物业公司不履行管理职责，小区脏、乱、差，业主纷纷表示不满意，想更换物业服务企业，但该物业公司是和开发商签订协议聘用的，可行吗？

可行。

《民法典》第二百八十四条：业主可以自行管理建筑物及其附属设施，也可以委托物业服务企业或者其他管理人管理。对建设单位聘请的物业服务企业或者其他管理人，业主有权依法更换。

9.小区电梯间的广告收入归谁所有？

归业主共有。

《民法典》第二百八十二条：建设单位、物业服务企业或者其他管理人等利用业主的共有部分产生的收入，在扣除合理成本之后，属于业主共有。所以，小区电梯间的广告收入不应该归物业，而是应归业主共同所有。

共　有

10.赵某拥有某煤矿30%的股权，赵某欲出售该股权，需要通知该煤矿拥有70%股权的其他共有人吗？

应当及时通知其他共有人，其他共有人有优先购买权。

《民法典》第三百零六条：按份共有人转让其享有的共有的不动产或者动产份额的，应当将转让条件及时通知其他共有人。其他共有人应当在合理期限内行使优先购买权。

两个以上其他共有人主张行使优先购买权的，协商确定各自的购买比例；协商不成的，按照转让时各自的共有份额比例行使优先购买权。

遗失物处理的规则

11.小敏是金店老板，将顾客甲遗失在金店柜台上的金项链拾起，第二天正值金价上涨，小敏便以高价出售给顾客乙。一周后，顾客甲确认其金项链遗失在金店柜台，于是向小敏索要。小敏无奈，只好请求顾客乙和顾客甲双方协商退货。退货时顾客乙要求支付货款另加1000元的违约金，顾客甲为了讨回自己心爱的金项链予以支付。请问顾客甲有权向小敏追偿自己向顾客乙所付的费用吗？

有权。

《民法典》第三百一十二条：所有权人或者其他权利人有权追回遗失物。该遗失物通过转让被他人占有的，权利人有权向无处分权人请求损害赔偿，或者自知道或者应当知道受让人之日起二年内向受让人请求返还原物；但是，受让人通过拍卖或者向具有经营资格的经营者购得该遗失物的，权利人请求返还原物时应当支付受让人所付的费用。权利人向受让人支付所付费用后，有权向无处分权人追偿。

12. 公交车上拾到手机怎么办？

《民法典》第三百一十四条：拾得遗失物，应当返还权利人。拾得人应当及时通知权利人领取，或者送交公安等有关部门。

土地承包经营权

13. 土地承包经营权可以转让吗？

可以。

《民法典》第三百三十四条：土地承包经营权人依照法律规定，有权将土地承包经营权互换、转让。未经依法批准，不得将承包地用于非农建设。

14. 赵某的承包地在承包期间被发包人村委会收回，并将收回的承包地入股某农业公司，股权收益由村委会占有。村委会的行为违反了《民法典》的哪些条款？赵某应当得到股权收益吗？

村委会在发包期间不应该收回赵某的土地，赵某对其承包土地有自主经营和流转并得到收益的权利。

《民法典》第三百三十七条：承包期内发包人不得收回承包地。法律另有规定的，依照其规定。

《民法典》第三百三十九条：土地承包经营权人可以自主决定依法采取出租、入股或者其他方式向他人流转土地经营权。

《民法典》第三百四十条：土地经营权人有权在合同约定的期限内占有农村土地，自主开展农业生产经营并取得收益。

建设用地使用权

15. 不动产权证书上标注的"使用期限"指什么？

不动产权证书或者之前的房屋所有权证书上标注的"使用期限"或者"有效期限"，均指住宅建设用地的使用权期限，而业主对房屋的所有权是永久性的。

16. 房屋不动产权证标注的"使用期限"到期怎么办？

《民法典》第三百五十九条第一款规定，住宅建设用地使用期限届满的，自动续期。续期费用的缴纳或者减免，依照法律、行政法规的规定办理。

居住权

17.《民法典》规定的房子"居住权"如何设立？居住权人有什么权利？

根据《民法典》第三百六十六、三百六十七条的相关规定，当事人应当订立书面的居住权合同；居住权人有权按照合同约定，对他人的住宅享有占有、使用的用益物权，以满足生活居住的需要。

18. 刘某年迈，名下房子由儿子继承，但他希望自己死后由保姆继续居住。怎么办？

根据《民法典》第三百六十八条的相关规定，刘某可以为保姆设立居住权并办理登记。

《民法典》第三百六十八条：居住权无偿设立，但是当事人另有约定的除外。设立居住权的，应当向登记机构申请居住权登记。居住权自登记时设立。

担保物权的一般规定

19. 赵小东向李五借钱时，将住宅房一套作为担保，赵小东债务到期未还，李五起诉至法院要求拍卖赵小东的担保房抵债，方知赵小东多处举债，有数个债权人均已起诉至法院。赵小东的诉求还能实现吗？

能。

《民法典》第三百八十六条：担保物权人在债务人不履行到期债务或者发生当事人约定的实现担保物权的情形，依法享有就担保财产优先受偿的权利，但是法律另有规定的除外。

抵押权

20. 农村经营性建设用地可以直接入市流转吗?

可以。

《民法典》第三百六十一条：集体所有的土地作为建设用地的，应当依照土地管理的法律规定办理。

《民法典》第三百九十九条，下列财产不得抵押：

（一）土地所有权；

（二）宅基地、自留地、自留山等集体所有土地的使用权，但是法律规定可以抵押的除外；

（三）学校、幼儿园、医疗机构等为公益目的成立的非营利法人的教育设施、医疗卫生设施和其他公益设施；

（四）所有权、使用权不明或者有争议的财产；

（五）依法被查封、扣押、监管的财产；

（六）法律、行政法规规定不得抵押的其他财产。

因此，除了不得抵押的集体土地，其他形式的集体土地均可以设置抵押权，为集体土地的开发利用提供了法律依据。

21. 张三将自己建设的医院的房产及设备设施私下抵押向李四借款。抵押有效吗?

无效。

《民法典》第三百九十九条第(三)项规定，学校、幼儿园、医疗机构等为公益目的成立的非营利法人的教育设施、医疗卫生设施和其他公益设施等财产不得抵押。

22.已抵押的货运车又卖给他人营运,该抵押权还能履行吗?

《民法典》第四百零四条:以动产抵押的,不得对抗正常经营活动中已经支付合理价款并取得抵押财产的买受人。

23.以房抵债协议有效吗?

根据《民法典》第四百零一条的相关规定,以房抵债实质是债权担保,不是房屋买卖。债权人只能享有抵押财产的优先受偿权,该抵押房屋不能直接过户。

24.人们常说"买卖不破租赁",现在抵押也不破租赁吗?

《民法典》第四百零五条:抵押权设立前,抵押财产已经出租并转移占有的,原租赁关系不受该抵押权的影响。

25.在银行贷款未还清之前,房子可以出售吗?

可以。

《民法典》第四百零六条:抵押期间,抵押人可以转让抵押财产。当事人另有约定的,按照其约定。抵押财产转让的,抵押权不受影响。抵押人转让抵押财产的,应当及时通知抵押权人。抵押权人能够证明抵押财产转让可能损害抵押权的,可以请求抵押权人将转让所得的价款向抵押权人提前清偿债务或者提存。转让的价款超过债权数额的部分归抵押人所有,不足部分由债务人清偿。

26.一房多押,且均已办理登记手续,债务如何清偿?

《民法典》第四百一十四条第(一)项规定,"抵押权已经登记的，按照登记的时间先后确定清偿顺序"。

27.房子抵押为什么要登记呢？

抵押权是为保护债权人的利益而设置的，经登记产生法律效力。当发生一房多押时，根据《民法典》第四百一十四条第(二)项规定，"抵押权已经登记的先于未登记的受偿"。

28.一套房产两处抵押，均未在不动产中心办理抵押登记，债务如何清偿？

根据《民法典》第四百一十四条的相关规定，同一财产向两个以上债权人抵押的，且其抵押权均未登记，那么拍卖、变卖该抵押财产所得的价款按照债权比例清偿。

29.某公司为建设厂房，将建设用地使用权抵押给银行贷款，后厂房建成，该公司因经营不善无力还款，那么在银行处分抵押土地时，地上厂房只能一并处分，这些厂房所得的价款，银行有权优先受偿吗？

银行无权就厂房拍卖所得价款优先受偿。

《民法典》第四百一十七条：建设用地使用权抵押后，该土地上新增的建筑物不属于抵押财产。该建设用地使用权实现抵押权时，应当将该土地上新增的建筑物与建设用地使用权一并处分。但是，新增建筑物所得的价款，抵押权人无权优先受偿。

质权（权利质权）

30.刘会以部分股市股票出质向闫二妮借钱，债务未到期前股市大涨，刘会与闫二妮协商将出质股票卖掉，请问闫二妮的债务如何偿还？

根据《民法典》第四百四十三条规定，刘会应当提前清偿闫二妮的债务。

《民法典》第四百四十三条：以基金份额、股权出质的，质权自办理出质登记时设立。

基金份额、股权出质后，不得转让，但是出质人与质权人协商同意的除外。出质人转让基金份额、股权所得的价款，应当向质权人提前清偿债务或者提存。

占 有

31.翠花租车跑运输，她之前的债权人将其所租的车辆强行开走并占有使用，翠花无奈向法院起诉，翠花能要回她所租的车辆吗？

能。

《民法典》第四百六十二条：占有的不动产或者动产被侵占

的，占有人有权请求返还原物；对妨害占有的行为，占有人有权请求排除妨害或者消除危险；因侵占或者妨害造成损害的，占有人有权依法请求损害赔偿。

占有人返还原物的请求权，自侵占发生之日起一年内未行使的，该请求权消灭。

三 合同编

合同的订立

1. 一方没有签字,但是已经履行的合同有效吗?

有效。

《民法典》第四百九十条规定,法律、行政法规规定或者当事人约定合同应当采用书面形式订立,当事人未采用书面形式但是一方已经履行主要义务,对方接受时,该合同成立。

2. 网购时什么情况为合同成立?

《民法典》第四百九十一条规定,当事人一方通过互联网等信息网络发布的商品或者服务信息符合要约条件的,对方选择该商品或者服务并提交订单成功时合同成立,但是当事人另有约定的除外。

3. 网购商品卖家单方取消订单,怎么办?

根据《民法典》第四百九十一条的相关规定,当事人一方通过互联网等信息网络发布的商品或者服务信息符合要约条件的,对方选择该商品或者服务并提交订单成功时合同成立,但是当事人另有约定的除外。因此，卖家单方取消订单属违约行为，应负违约责任。

4. 赵莲有项目需要融资，便与某投资公司签订了《投融资意向书》，并向该公司交付定金30万元，结果对方公司并未履行《投融资意向书》所约定的正式合同义务。赵莲有权要求该投资公司双倍返还定金吗？

有权。

《民法典》第四百九十五条：当事人约定在将来一定期限内订立合同的认购书、订购书、预订书等，构成预约合同。

当事人一方不履行预约合同约定的订立合同义务的，对方可以请求其承担预约合同的违约责任。

5. 某保险公司向客户提供格式合同保单，并且未提示客户注意保险公司的免责条款，导致客户在没有完全、充分理解保单意思的前提下签订合同并投保，后发生理赔事件，保险公司才对"重大利害关系的条款"做出免责解释，客户不服，向人民法院起诉，主张该条款不能作为合同的内容，客户的主张合法吗？

合法。

《民法典》第四百九十六条：格式条款是当事人为了重复使用而预先拟定，并在订立合同时未与对方协商的条款。

采用格式条款订立合同的，提供格式条款的一方应当遵循公平原则确定当事人之间的权利和义务，并采取合理的方式提示对方注意免除或者减轻其责任等与对方有重大利害关系的条款，按照对方的要求，对该条款予以说明。提供格式条款的一方未履行提示或者说明义务，致使对方没有注意或者理解与其有重大利害关系的条款的，对方可以主张该条款不成为合同的内容。

6. 饭店禁止自带酒水，合法吗？

不合法。

"禁止自带酒水"或者"加收开瓶费、服务费"等要求属于饭店一方制定的格式条款，不合理地限制了消费者的权利。

根据《民法典》第四百九十七条的规定，提供格式条款一方不合理地免除或者减轻其责任、加重对方责任、限制对方主要权利，或者排除对方主要权利的，该格式条款无效。

7. 合同中的格式条款有两种以上解释，双方因此发生争议怎么办？

可以向人民法院提起诉讼。

《民法典》第四百九十八条：对格式条款的理解发生争议的，应当按照通常理解予以解释。对格式条款有两种以上解释的，应当作出不利于提供格式条款一方的解释。格式条款和非格式条款不一致的，应当采用非格式条款。

8. 签合同时小王未认真看格式条款，对方也未做出说明，事后小王发现遭遇"霸王条款"，怎么办？

根据《民法典》第四百九十六条、第四百九十七条、第四百九十八条、第五百零六条的相关规定，小王可以向人民法院主张该条款无效。

合同的效力

9.老尹酒店需要装修,与雇佣工人签订合同,里边写了免责条款,即"施工过程中造成人身损害的,与本酒店无关,责任由施工人自己承担"。那么,该免责条款有效吗?

无效。

《民法典》第五百零六条,合同中的下列免责条款无效:

(一)造成对方人身损害的;

(二)因故意或者重大过失造成对方财产损失的。

合同的履行

10.网购水果发霉,能要求卖家重新发货或退款吗?

可以,但注意不要签收。

根据《民法典》第五百一十二条、第六百零四条的规定,网购商品快递物流交付的,收货人的签收时间为交付时间。标的物毁损、灭失的风险,交付之前由出卖人承担,交付之后由买受人承担。但法律另有规定或者当事人另有约定的除外。

11. 网购究竟如何认定是否存在合同，究竟何时意味着卖家的交货义务完成？是将货物放入快递柜发送取件码视为交付呢？还是收货人使用取件码视为交付完成？

《民法典》第四百九十一条：当事人采用信件、数据电文等形式订立合同要求签订确认书的，签订确认书时合同成立。

当事人一方通过互联网等信息网络发布的商品或者服务信息符合要约条件的，对方选择该商品或者服务并提交订单成功时合同成立，但是当事人另有约定的除外。

《民法典》第五百一十二条：通过互联网等信息网络订立的电子合同的标的为交付商品并采用快递物流方式交付的，收货人的签收时间为交付时间。电子合同的标的为提供服务的，生成的电子凭证或者实物凭证中载明的时间为提供服务时间；前述凭证没有载明时间或者载明时间与实际提供服务时间不一致的，以实际提供服务的时间为准。

电子合同的标的物为采用在线传输方式交付的，合同标的物进入对方当事人指定的特定系统且能够检索识别的时间为交付时间。

电子合同当事人对交付商品或者提供服务的方式、时间另有约定的，按照其约定。

12. 电子合同的标的物为采用在线传输方式交付的，交付时间如何确认？

根据《民法典》第五百一十二条的规定，合同标的物进入对方当事人指定的特定系统且能够检索识别的时间为交付时间。

13.贾青对杨三的银行贷款承担连带保证责任,贷款到期前贾青发现杨三变卖资产,贾青担心杨三日后无钱还贷,于是就趁杨三变卖资产回款之机,要求杨三提前向银行还贷。杨三可以提前还贷吗?

《民法典》第五百三十条:债权人可以拒绝债务人提前履行债务,但是提前履行不损害债权人利益的除外。

债务人提前履行债务给债权人增加的费用,由债务人负担。

合同的保全

14.债权人可以行使代位权吗?

可以。

《民法典》第五百三十五条:因债务人怠于行使其债权或者与该债权有关的从权利,影响债权人的到期债权实现的,债权人可以向人民法院请求以自己的名义代位行使债务人对相对人的权利,但是该权利专属于债务人自身的除外。

代位权的行使范围以债权人的到期债权为限。债权人行使代位权的必要费用,由债务人负担。

相对人对债务人的抗辩,可以向债权人主张。

15.小云常年经营玉石生意。其侄子铁蛋故意到处借钱,然后声称无力偿还,并以明显不合理的高价受让小云的玉石,然后以高价玉石抵债。债权人可以请求人民法院撤销债务人铁蛋与小云的高价受让行为吗?

可以。

《民法典》第五百三十九条：债务人以明显不合理的低价转让财产、以明显不合理的高价受让他人财产或者为他人的债务提供担保，影响债权人的债权实现，债务人的相对人知道或者应当知道该情形的，债权人可以请求人民法院撤销债务人的行为。

合同的变更和转让

16. 小赵因为平安煤矿拖欠货款不还，只好向小罗借钱周转经营，后小赵无力还钱，便和小罗商定把平安煤矿的债权转让给小罗。请问，债权转让是否需要通知债务人？

需要。

《民法典》第五百四十六条：债权人转让债权，未通知债务人的，该转让对债务人不发生效力。

债权转让的通知不得撤销，但是经受让人同意的除外。

合同的权利义务终止

17. 张三直接向法院起诉与李四解除合同，判决前李四仍然要求张三继续履行合同，怎么办？

张三有权不履行合同。

《民法典》第五百六十五条规定，当事人一方未通知对方，直接以提起诉讼或者申请仲裁的方式依法主张解除合同，人民法院或者仲裁机构确认该主张的，合同自起诉状副本送达对方时解除。

违约责任

18. 小花网购一件价值1000元的香云纱连衣裙，从丰巢柜取出货后，打开包装发现商品与平台上宣传的颜色和样式均不相符，于是要求商家退货或重新更换，小花的行为有法律依据吗？

有。

《民法典》第五百八十二条：履行不符合约定的，应当按照当事人的约定承担违约责任。对违约责任没有约定或者约定不明确，依据本法第五百一十条的规定仍不能确定的，受损害方根据标的的性质以及损失的大小，可以合理选择请求对方承担修理、重作、更换、退货、减少价款或者报酬等违约责任。

19. 田东购房时需要向开发商交付定金，请问定金金额多少有具体规定吗？如果因开发商原因不能实现合同目的，定金如何处理？

《民法典》第五百八十六条：定金的数额由当事人约定；但是，不得超过主合同标的额的百分之二十，超过部分不产生定金的效力。实际交付的定金数额多于或者少于约定数额的，视为变更约定的定金数额。

《民法典》第五百八十七条：债务人履行债务的，定金应当抵作价款或者收回。给付定金的一方不履行债务或者履行债务不符合约定，致使不能实现合同目的的，无权请求返还定金；收受定金的一方不履行债务或者履行债务不符合约定，致使不能实现合同目的的，应当双倍返还定金。

买卖合同

20.小兵因生意负债，未经妻子同意，将婚姻期间购买的只登记在自己一个人名下的房产，以单身名义，卖给不知情的小卢，并签订买卖合同，小卢可以解除合同吗？

可以。

《民法典》第五百九十七条：因出卖人未取得处分权致使标的物所有权不能转移的，买受人可以解除合同并请求出卖人承担违约责任。

法律、行政法规禁止或者限制转让的标的物，依照其规定。

21.第20项的案例中，如果小卢信赖不动产登记簿的记载，在小兵的配合下将房产所有权转移到小卢名下。现在小兵的妻子向法院起诉要房，怎么办？

根据《民法典》第五百九十七条规定，小卢可以主张善意取得保护。

22.第20项的案例中，如果小卢在不动产登记中心办理该房产所有权转移过户时，因为该房产之前登记为共同财产，所以未经房产共有人小兵妻子签字无法办理，怎么办？

根据《民法典》第五百九十七条规定，小卢可以要求小兵解除合同并承担违约责任。

23.小邢购买了一辆二手车，使用一个月后，发现该车发动机存在严重问题，便要求二手车交易市场退货，但因为当时未约定检验期限，二手车交易市场即以该车已交付小邢，超过有效期限为由拒退。小邢的要求真的过期了吗？

《民法典》第六百二十一条：当事人约定检验期限的，买受人应当在检验期限内将标的物的数量或者质量不符合约定的情形通知出卖人。买受人怠于通知的，视为标的物的数量或者质量符合约定。

当事人没有约定检验期限的，买受人应当在发现或者应当发现标的物的数量或者质量不符合约定的合理期限内通知出卖人。买受人在合理期限内未通知或者自收到标的物之日起二年内未通知出卖人的，视为标的物的数量或者质量符合约定；但是，对标的物有质量保证期的，适用质量保证期，不适用该二年的规定。

出卖人知道或者应当知道提供的标的物不符合约定的，买受人不受前两款规定的通知时间的限制。

赠与合同

24.老秦把"馍馍片"加工厂的全套设备赠与朋友，但为了面子，老秦未告知该设备有故障的实际情况，在生产加工期间因该设备故障的原因，导致其朋友损失巨大。老秦有责任吗？

有。

《民法典》第六百六十二条：赠与的财产有瑕疵的，赠与人不承担责任。附义务的赠与，赠与的财产有瑕疵的，赠与人在附义务的限度内承担与出卖人相同的责任。

赠与人故意不告知瑕疵或者保证无瑕疵，造成受赠人损失的，应当承担赔偿责任。

借款合同

25.如何识别非法校园贷？

《民法典》第六百八十条第一款规定，禁止高利放贷，借款的利率不得违反国家有关规定。校园多头贷、刷单贷、裸贷、培训贷等一切违反国家关于利率规定的民间高利借贷都是非法的。

26.个人之间借款，利息可以随便约定吗？

根据《民法典》第六百八十条和《最高人民法院关于人民法院审理借贷案件的若干意见》的相关规定，禁止高利放贷，借款的利率不得违反国家有关规定；民间借贷的利率可以适当高于银行的利率，但是最高不得超过银行同类贷款利率的四倍。

27.网贷被套路不用怕！

《民法典》第六百八十条第一款规定，禁止高利放贷，借款的利率不得违反国家有关规定。因此，如果遇到这种情况，一定要走向人民法院提起诉讼的渠道，法院一般对超出国家规定利率范围的利息不予支付。

保证合同

28. 赵四向王三借钱，李五做保证人。三人在保证合同中没有约定保证方式或者约定不明确的怎么办？

根据《民法典》第六百八十六条的规定，李五应当按照一般保证承担保证责任。

《民法典》第六百八十六条：保证的方式包括一般保证和连带责任保证。

当事人在保证合同中对保证方式没有约定或者约定不明确的，按照一般保证承担保证责任。

29. 赵四向王三借钱，李五做保证人。当时在保证合同中约定为一般保证，王三能直接起诉李五吗？

不能。

根据《民法典》第六百八十七条的规定，王三只能先起诉赵四，否则李五有权拒绝承担保证责任，但法律另有规定的除外。

《民法典》第六百八十七条：当事人在保证合同中约定，债务人不能履行债务时，由保证人承担保证责任的，为一般保证。

一般保证的保证人在主合同纠纷未经审判或者仲裁，并就债

务人财产依法强制执行仍不能履行债务前,有权拒绝向债权人承担保证责任,但是有下列情形之一的除外:

(一)债务人下落不明,且无财产可供执行;

(二)人民法院已经受理债务人破产案件;

(三)债权人有证据证明债务人的财产不足以履行全部债务或者丧失履行债务能力;

(四)保证人书面表示放弃本款规定的权利。

30.赵四向王三借钱,李五做保证人。现在赵四拒不偿还,王三可以直接起诉李五吗?

根据《民法典》第六百八十八条的相关规定,如果当事人在保证合同中约定为连带责任保证,那么王三就可以直接起诉李五。

《民法典》第六百八十八条:当事人在保证合同中约定保证人和债务人对债务承担连带责任的,为连带责任保证。

连带责任保证的债务人不履行到期债务或者发生当事人约定的情形时,债权人可以请求债务人履行债务,也可以请求保证人在其保证范围内承担保证责任。

31.一般保证责任和连带保证责任有什么不同?各自如何承担保证责任?

《民法典》第六百八十六条:保证的方式包括一般保证和连带责任保证。

当事人在保证合同中对保证方式没有约定或者约定不明确的,按照一般保证承担保证责任。

《民法典》第六百八十七条:当事人在保证合同中约定,债务人不能履行债务时,由保证人承担保证责任的,为一般保证。

一般保证的保证人在主合同纠纷未经审判或者仲裁,并就债务人财产依法强制执行仍不能履行债务前,有权拒绝向债权人承担保证责任,但是有下列情形之一的除外:

(一)债务人下落不明,且无财产可供执行;

(二)人民法院已经受理债务人破产案件;

(三)债权人有证据证明债务人的财产不足以履行全部债务或者丧失履行债务能力;

(四)保证人书面表示放弃本款规定的权利。

《民法典》第六百八十八条:当事人在保证合同中约定保证人和债务人对债务承担连带责任的,为连带责任保证。

连带责任保证的债务人不履行到期债务或者发生当事人约定的情形时,债权人可以请求债务人履行债务,也可以请求保证人在其保证范围内承担保证责任。

租赁合同

32.王发将钢模板出租给某建筑工队使用,双方未约定租期和付款期限,但至今已近十年,该建筑工队既未给付租金,也未返还租赁物。于是,王发向人民法院起诉,要求对方支付租金,返还租赁物。王发的诉讼请求还能得到法院支持吗?

《民法典》第七百零五条:租赁期限不得超过二十年。超过二十年的，超过部分无效。

租赁期限届满，当事人可以续订租赁合同；但是，约定的租赁期限自续订之日起不得超过二十年。

《民法典》第七百零七条：租赁期限六个月以上的，应当采用书面形式。当事人未采用书面形式，无法确定租赁期限的，视为不定期租赁。

《民法典》第七百一十四条：承租人应当妥善保管租赁物，因保管不善造成租赁物毁损、灭失的，应当承担赔偿责任。

《民法典》第七百二十一条：承租人应当按照约定的期限支付租金。对支付租金的期限没有约定或者约定不明确，依据本法第五百一十条的规定仍不能确定，租赁期限不满一年的，应当在租赁期限届满时支付；租赁期限一年以上的，应当在每届满一年时支付，剩余期限不满一年的，应当在租赁期限届满时支付。

《民法典》第七百三十条：当事人对租赁期限没有约定或者约定不明确，依据本法第五百一十条的规定仍不能确定的，视为不定期租赁；当事人可以随时解除合同，但是应当在合理期限之前通知对方。

33. 未经出租人同意转租，其转租行为有效吗？

根据《民法典》第七百一十六条第二款、第七百一十八条的规定，承租人未经出租人同意转租的，出租人可以解除合同；出租人知道或者应当知道承租人转租，但是在六个月内未提出异议的，视为出租人同意转租。

34.北漂毛老五,因工作变动,经房东同意将所租房屋转租给李娜,但是李娜酒后打开水管一夜未关,致使租赁房及楼下住户遭受损失。李娜酒醒后知道问题严重,偷偷携东西逃离。房东应该找谁承担赔偿责任?

应该找毛老五。

《民法典》第七百一十六条:承租人经出租人同意,可以将租赁物转租给第三人。承租人转租的,承租人与出租人之间的租赁合同继续有效;第三人造成租赁物损失的,承租人应当赔偿损失。

承租人未经出租人同意转租的,出租人可以解除合同。

35.房子出卖后,原租赁合同有效吗?

有效。

《民法典》第七百二十五条:租赁物在承租人按照租赁合同占有期限内发生所有权变动的,不影响租赁合同的效力。所以,新房主和承租人之间应当继续履行租赁合同。

36.未通知承租人将房屋出卖合法吗?

不合法。

《民法典》第七百二十六条第一款规定,出租人出卖租赁房屋的,应当在出卖之前的合理期限内通知承租人,承租人享有以同等条件优先购买的权利;但是,房屋按份共有人行使优先购买权或者出租人将房屋出卖给近亲属的除外。

37.损害了承租人的优先购买权需要赔偿吗?

《民法典》第七百二十八条:出租人未通知承租人或者有其

他妨害承租人行使优先购买权情形的,承租人可以请求出租人承担赔偿责任。但是,出租人与第三人订立的房屋买卖合同的效力不受影响。

38.签订合同前已发现租赁房是危房,现入住一个多月了,还能解除合同吗?

《民法典》第七百三十一条:租赁物危及承租人的安全或者健康的,即使承租人订立合同时明知该租赁物质量不合格,承租人仍然可以随时解除合同。

保理合同

39.某金融公司就同一应收账款债权与多人订立了多个保理合同,导致多个保理人主张权利的,怎么办?

《民法典》第七百六十八条:应收账款债权人就同一应收账款订立多个保理合同,致使多个保理人主张权利的,已经登记的先于未登记的取得应收账款;均已经登记的,按照登记时间的先后顺序取得应收账款;均未登记的,由最先到达应收账款债务人的转让通知中载明的保理人取得应收账款;既未登记也未通知的,按照保理融资款或者服务报酬的比例取得应收账款。

承揽合同

40. 某电器公司的售后服务人员小蒙上门为老王安装、调试空调,此时小蒙与客户老王形成哪种合同关系?老王在旁边指指点点,胡乱指挥,导致小蒙没按常规操作,把自己的手弄伤,老王需要承担责任吗?

形成承揽合同关系;这种情况下老王应当承担责任。

《民法典》第七百七十条:承揽合同是承揽人按照定作人的要求完成工作,交付工作成果,定作人支付报酬的合同。

承揽包括加工、定作、修理、复制、测试、检验等工作。

《民法典》第七百七十九条:承揽人在工作期间,应当接受定作人必要的监督检验。定作人不得因监督检验妨碍承揽人的正常工作。

《民法典》第一千一百九十三条:承揽人在完成工作过程中造成第三人损害或者自己损害的,定作人不承担侵权责任。但是,定作人对定作、指示或者选任有过错的,应当承担相应的责任。

建筑工程合同

41. A公司未经发包人同意,将自己中标的工程私自转让给B公司,发包人知情后,可以要求解除合同吗?B公司已经完成验收合格的工程如何结算?

可以解除;B公司已经完成验收合格的工程,发包方应当按照约定支付相应的工程价款。

《民法典》第八百零六条：承包人将建设工程转包、违法分包的，发包人可以解除合同。

发包人提供的主要建筑材料、建筑构配件和设备不符合强制性标准或者不履行协助义务，致使承包人无法施工，经催告后在合理期限内仍未履行相应义务的，承包人可以解除合同。

合同解除后，已经完成的建设工程质量合格的，发包人应当按照约定支付相应的工程价款；已经完成的建设工程质量不合格的，参照本法第七百九十三条的规定处理。

运输合同

42. 飞机票丢失，补办不再付费。

《民法典》第八百一十五条第二款规定，实名制客运合同的旅客丢失客票的，可以请求承运人挂失补办，承运人不得再次收取票款和其他不合理费用。

43. 小华去飞机场途中堵车，导致未赶上航班起飞，机票能退吗？

旅客本可以选择提前出发，或者更换路线到达机场，所以导致赶不上航班属于旅客自己的原因。

《民法典》第八百一十六条：旅客因自己的原因不能按照客票记载的时间乘坐的，应当在约定的期限内办理退票或者变更手续；逾期办理的，承运人可以不退票款，并不再承担运输义务。

44. 古董商赵旭网拍一古董青花瓷瓶，在运输过程中破损，快递公司是否应当承担责任？

视情况而定。

《民法典》第八百三十二条：承运人对运输过程中货物的毁损、灭失承担赔偿责任。但是，承运人证明货物的毁损、灭失是因不可抗力、货物本身的自然性质或者合理损耗以及托运人、收货人的过错造成的，不承担赔偿责任。

技术合同

45. 小毛和小金合作开发完成了一项发明创造，但是小毛不同意申请专利，小金能单独申请专利吗？

不能。

《民法典》第八百六十条：合作开发完成的发明创造，申请专利的权利属于合作开发的当事人共有；当事人一方转让其共有的专利申请权的，其他各方享有以同等条件优先受让的权利。但是，当事人另有约定的除外。

合作开发的当事人一方声明放弃其共有的专利申请权的，除当事人另有约定外，可以由另一方单独申请或者由其他各方共同申请。申请人取得专利权的，放弃专利申请权的一方可以免费实施该专利。

合作开发的当事人一方不同意申请专利的,另一方或者其他各方不得申请专利。

保管合同

46.小翟出差,将购买的戒指由快递公司交物业服务中心保管,当时小翟未向物业公司申明系贵重物品,小翟回来取货时,戒指丢失,物业服务中心该如何赔偿?

《民法典》第八百九十八条:寄存人寄存货币、有价证券或者其他贵重物品的,应当向保管人声明,由保管人验收或者封存;寄存人未声明的,该物品毁损、灭失后,保管人可以按照一般物品予以赔偿。

委托合同

47.郑州暴雨,小红担心放在楼下的邻居王叔委托自己看管的摩托车受损,便打电话让正在楼下的李二将摩托车骑走并保管,结果李二骑摩托车离开途中,大水暴增,李二只能弃摩托车逃生。那么小红和李二应该赔偿王叔丢失的摩托车吗?

不应该。

《民法典》第九百二十三条:受托人应当亲自处理委托事务。

经委托人同意，受托人可以转委托。转委托经同意或者追认的，委托人可以就委托事务直接指示转委托的第三人，受托人仅就第三人的选任及其对第三人的指示承担责任。转委托未经同意或者追认的，受托人应当对转委托的第三人的行为承担责任；但是，在紧急情况下受托人为了维护委托人的利益需要转委托第三人的除外。

《民法典》第一百八十条：因不可抗力不能履行民事义务的，不承担民事责任。法律另有规定的，依照其规定。

不可抗力是不能预见、不能避免且不能克服的客观情况。

物业服务合同

48.未交物业费被停水停电，物业服务人的做法对吗？

不对。

《民法典》第九百四十四条第三款规定，物业服务人不得采取停止供电、供水、供热、供燃气等方式催交物业费。因此给业主造成损失的，业主可以向人民法院起诉维权。

49.物业人员服务态度不好，业主可以不支付物业费吗？物业公司如何维权？

《民法典》第九百四十四条：业主应当按照约定向物业服务人支付物业费。物业服务人已经按照约定和有关规定提供服务的，业主不得以未接受或者无须接受相关物业服务为由拒绝支付物业费。

业主违反约定逾期不支付物业费的,物业服务人可以催告其在合理期限内支付;合理期限届满仍不支付的,物业服务人可以提起诉讼或者申请仲裁。

物业服务人不得采取停止供电、供水、供热、供燃气等方式催交物业费。

中介合同

50.范四促成甲公司与乙公司投融资合同成立,范四能请求支付报酬吗?向谁主张请求?

《民法典》第九百六十三条:中介人促成合同成立的,委托人应当按照约定支付报酬。对中介人的报酬没有约定或者约定不明确,依据本法第五百一十条的规定仍不能确定的,根据中介人的劳务合理确定。因中介人提供订立合同的媒介服务而促成合同成立的,由该合同的当事人平均负担中介人的报酬。

中介人促成合同成立的,中介活动的费用,由中介人负担。

51.张三给李四介绍工程后,李四私下与对方签订合同,张三是否可以向法院起诉李四,要求支付报酬?

可以。

根据《民法典》第九百六十五条规定,李四依法应当向张三支付报酬。

《民法典》第九百六十五条：委托人在接受中介人的服务后，利用中介人提供的交易机会或者媒介服务，绕开中介人直接订立合同的，应当向中介人支付报酬。

合伙合同

52.刘二和赵四合伙开设加油站，合伙期间刘二不幸因车祸身亡，合伙财产如何分配？

《民法典》第九百七十二条：合伙的利润分配和亏损分担，按照合伙合同的约定办理；合伙合同没有约定或者约定不明确的，由合伙人协商决定；协商不成的，由合伙人按照实缴出资比例分配、分担；无法确定出资比例的，由合伙人平均分配、分担。

《民法典》第九百七十七条：合伙人死亡、丧失民事行为能力或者终止的，合伙合同终止；但是，合伙合同另有约定或者根据合伙事务的性质不宜终止的除外。

《民法典》第九百七十八条：合伙合同终止后，合伙财产在支付因终止而产生的费用以及清偿合伙债务后有剩余的，依据本法第九百七十二条的规定进行分配。

不当得利

53. 小张在酒店将明知是服务员上错的一道菜吃完，服务员可以向小张要求付费吗？

可以。

《民法典》第九百八十七条：得利人知道或者应当知道取得的利益没有法律根据的，受损失的人可以请求得利人返还其取得的利益并依法赔偿损失。

四 人格权编

一般人格权

1. 公民有权拒绝校园欺凌，维护人格权吗？

有权。

《民法典》第九百九十条、第九百九十一条、第九百九十五条规定，人格权受法律保护，受到侵害的，受害人有权要求行为人承担民事责任，且要求停止侵害、排除妨碍、消除危险、消除影响、恢复名誉、赔礼道歉的请求权不受诉讼时效限制。

2. 刘大凤某天去政府大楼找上级领导办事，被大楼保安误认为越级上访人员，将其强制拖出大楼，其间保安队长就此场面拍摄下来并上传网络。刘大凤认为其人格权受到侵害，于是向人民法院起诉，要求拖他出楼的保安人员、保安队长及网络媒体承担民事侵权责任。请问刘大凤的诉求有法律依据吗？

有。

《民法典》第九百九十一条：民事主体的人格权受法律保护，任何组织或者个人不得侵害。

《民法典》第九百九十五条：人格权受到侵害的，受害人有权依照本法和其他法律的规定请求行为人承担民事责任。受害人的停止侵害、排除妨碍、消除危险、消除影响、恢复名誉、赔礼道歉请求权，不适用诉讼时效的规定。

死者人格权利益保护

3.某火葬场一名工作人员将一具女尸奸淫，女尸家属发现后将该工作人员起诉至法院，要求其承担民事责任，有法律依据吗？

有。

《民法典》第九百九十四条：死者的姓名、肖像、名誉、荣誉、隐私、遗体等受到侵害的，其配偶、子女、父母有权依法请求行为人承担民事责任；死者没有配偶、子女且父母已经死亡的，其他近亲属有权依法请求行为人承担民事责任。

《民法典》第九百九十五条：人格权受到侵害的，受害人有权依照本法和其他法律的规定请求行为人承担民事责任。受害人的停止侵害、排除妨碍、消除危险、消除影响、恢复名誉、赔礼道歉请求权，不适用诉讼时效的规定。

违约精神损害赔偿

4. 违约可以要求精神损害赔偿吗?

可以。

《民法典》第九百九十六条:因当事人一方的违约行为,损害对方人格权并造成严重精神损害,受损害方选择请求其承担违约责任的,不影响受损害方请求精神损害赔偿。

无偿捐献人体细胞、组织、器官和遗体

5. 项某是一位慈善家,倾其所有为山区开办了十几所学校,后因患尿毒症需要与其匹配的肾源,别人在网上发布他的情况后,有一位叫小惠的志愿者主动捐献,器官移植后项某身体产生排异,三年后离世。去世前,项某为感谢小惠,遗嘱中将自己的个人财产上海房屋一套赠与小惠。项某的遗赠行为有效吗?

有效。项某的遗赠发生在小惠捐献器官之后,不属于变相器官买卖,属于遗赠,所以合法。

《民法典》第一千零六条:完全民事行为能力人有权依法自主决定无偿捐献其人体细胞、人体组织、人体器官、遗体。任何组织或者个人不得强迫、欺骗、利诱其捐献。

完全民事行为能力人依据前款规定同意捐献的，应当采用书面形式，也可以订立遗嘱。

自然人生前未表示不同意捐献的，该自然人死之后，其配偶、成年子女、父母可以共同决定捐献，决定捐献应当采取书面形式。

《民法典》第一千零七条：禁止以任何形式买卖人体细胞、人体组织、人体器官、遗体。

违反前款规定的买卖行为无效。

《民法典》第一千一百二十二条：遗产是自然人死亡时遗留的个人合法财产。

依照法律规定或者根据其性质不得继承的遗产，不得继承。

《民法典》第一千一百二十三条：继承开始后，按照法定继承办理；有遗嘱的，按照遗嘱继承或者遗赠办理；有遗赠扶养协议的，按照协议办理。

性骚扰的民事责任与单位预防义务

6.上司在网上聊天时经常给女员工发色情图片，女员工感到困扰、反感怎么办？

《民法典》第一千零一十条：违背他人意愿，以言语、文字、图像、肢体行为等方式对他人实施性骚扰的，受害人有权依法请求行为人承担民事责任。

机关、企业、学校等单位应当采取合理的预防、受理投诉、调查处置等措施，防止和制止利用职权、从属关系等实施性骚扰。

本案例中上司的行为属于性骚扰，受害人有权依法请求行为人承担民事责任。如果单位未尽预防义务，那么单位也要承担相应责任。

7. 男性被性骚扰怎么办？

《民法典》第一千零一十条规定，违背他人意愿，以言语、文字、图像、肢体行为等方式对他人实施性骚扰的，受害人有权依法请求行为人承担民事责任。

因此，《民法典》对性骚扰受害者的规定没有排除男性，男性遭遇性骚扰同样有权要求行为人承担民事责任。

人身自由权

8. 小隗和小兰是男女朋友关系，某天两人发生争吵，小兰生气，决意离开小隗。小隗一着急就把小兰锁在家里，自己每天去上班，连续半个月一直如此。小隗的行为合法吗？

不合法。

《民法典》第一千零一十一条：以非法拘禁等方式剥夺、限制他人的行动自由，或者非法搜查他人身体的，受害人有权依法请求行为人承担民事责任。

姓名权和名称权

9.李老头在县城开了一家酒店,想起一个响亮的名字以吸引顾客,于是李老头专程去北京考察了一番。回来后决定用一家全国知名酒店的名字作为自己酒店的名称,这样可行吗?

不可行,该知名酒店的名字是注册过商标的,李老头的做法属于侵犯名称权的行为。

《民法典》第一千零一十四条:任何组织或者个人不得以干涉、盗用、假冒等方式侵害他人的姓名权或者名称权。

《民法典》第一千零一十七条:具有一定社会知名度,被他人使用足以造成公众混淆的笔名、艺名、网名、译名、字号、姓名和名称的简称等,参照适用姓名权和名称权保护的有关规定。

10.知名的"网名"受法律保护吗?

受法律保护。

《民法典》第一千零一十七条:具有一定社会知名度,被他人使用足以造成公众混淆的笔名、艺名、网名、译名、字号、姓名和名称的简称等,参照适用姓名权和名称权保护的有关规定。

11.离婚后,带孩子一方有权给孩子改姓吗?

《民法典》第一千零一十四条:任何组织或者个人不得以干涉、盗用、假冒等方式侵害他人的姓名权或者名称权。自然人出生时无行为能力，姓氏由父母双方协商决定，所以一方私自改变孩子姓名的行为是不合法的。

肖像权

12. 随便将他人的照片转发至朋友圈，合法吗？

不合法。

根据《民法典》第一千零一十九条的相关规定，未经肖像权人同意，不得制作、使用、公开肖像权人的肖像，但是法律另有规定的除外。

13. 街拍行为合法吗？

《民法典》第一千零一十九条规定，未经肖像权人同意，不得制作、使用、公开肖像权人的肖像，但是法律另有规定的除外。因此，街拍行为应注意避免侵害他人合法权利。

14. 李佳琦的声音如"Oh，my god. 买它买它"，可以随便拿来用吗？

不可以。

《民法典》第一千零二十三条第二款规定，对自然人声音的保护，参照适用肖像权保护的有关规定。

隐私权和个人信息保护

15.偷拍他人出轨照片并上传至网络,对当事人生活、工作造成极大困扰的行为侵犯隐私权吗?

侵犯。

《民法典》第一千零三十二条:自然人享有隐私权。任何组织或者个人不得以刺探、侵扰、泄露、公开等方式侵害他人的隐私权。

隐私是自然人的私人生活安宁和不愿为他人知晓的私密空间、私密活动、私密信息。

16.前男友长期电话骚扰小花,致使其无法安宁生活。前男友的行为违法吗?

小花前男友的行为是违法的。

根据《民法典》第一千零三十二条、第一千零三十三条的规定,自然人的私人生活安宁属于隐私权,以电话等方式侵扰他人的私人生活安宁,就是侵害隐私权的行为。

五 婚姻家庭编

一般规定

1.叶某与洪某自由恋爱准备结婚,遭叶某母亲、洪某母亲的百般阻挠。那么,这些干涉婚姻自由的行为违法吗?

他们的行为明显侵犯了《民法典》第一千零四十一条关于"婚姻自由"的规定,以及《民法典》第一千零四十二条"禁止干涉婚姻自由的行为"的相关规定。

2.张三涉嫌犯罪被刑事拘留,公安机关通知可以由近亲属为其聘请律师。那么到底哪些人是近亲属呢?

《民法典》第一千零四十五条第二款规定,配偶、父母、子女、兄弟姐妹、祖父母、外祖父母、孙子女、外孙子女为近亲属。

结　婚

3. 根据我国现代法律规定，贾宝玉可以和林黛玉或者薛宝钗结婚吗？

贾宝玉和林黛玉是表兄妹，和薛宝钗是姨姐弟，均属于同源的三代以内的旁系血亲，所以都不能领取结婚证。

《民法典》第一千零四十八条：直系血亲或者三代以内的旁系血亲禁止结婚。

4. 小妮患有医学上认为不应当结婚的疾病。她能结婚吗？

可以。

根据《民法典》第一千零五十一条的规定可知，"患有医学认为不应当结婚的疾病"，已经不再作为禁止结婚的情形了。

《民法典》第一千零五十一条规定，有下列情形之一的，婚姻无效：

（一）重婚；

（二）有禁止结婚的亲属关系；

（三）未到法定婚龄。

5. 假设叶某和洪某是同父异母的姐弟，并且两人因不知情，不听劝阻，执意为爱情结婚，那么其婚姻关系有效吗？

根据《民法典》第一千零五十一条规定，男女双方有禁止结婚的亲属关系，婚姻无效。

《民法典》第一千零五十一条规定，有下列情形之一的，婚姻无效：

（一）重婚；

（二）有禁止结婚的亲属关系；

（三）未到法定婚龄。

6.小隗非法限制小兰人身自由后，又用胁迫的方式使小兰与其领取结婚证，婚后小兰想向人民法院请求撤销婚姻，请问时效如何确定？

《民法典》第一千零五十二条：因胁迫结婚的，受胁迫的一方可以向人民法院请求撤销婚姻。

请求撤销婚姻的，应当自胁迫行为终止之日起一年内提出。

被非法限制人身自由的当事人请求撤销婚姻的，应当自恢复人身自由之日起一年内提出。

7.装富骗婚属于无效婚姻或者可撤销的婚姻吗？

不属于。

根据《民法典》第一千零五十一条、第一千零五十二条、第一千零五十三条的相关规定，装富骗婚不属于法定的无效婚姻或者可撤销的婚姻范围。

8.婚后发现对方婚前隐瞒了重大疾病，能请求撤销婚姻吗？

根据《民法典》第一千零五十三条的规定，可以向人民法院请求撤销婚姻，但必须在知道或者应当知道撤销事由之日起一年内提出。

《民法典》第一千零五十三条：一方患有重大疾病的，应当在结婚登记前如实告知另一方；不如实告知的，另一方可以向人民法院请求撤销婚姻。

请求撤销婚姻的，应当自知道或者应当知道撤销事由之日起一年内提出。

夫妻共同财产

9. 婚前交首付买房，婚后共同还贷，离婚时如何分割？

根据《民法典》第一千零六十二条、第一千零六十三条的相关规定，首付款是婚前购房者的个人财产，归其个人所有；还贷部分属夫妻共同财产，需均等分割。

10. 婚后共同买房，但房产证只写了一方的名字，离婚时如何分割？

根据《民法典》第一千零六十二条的相关规定，只要是婚后取得的住房，不管登记任何一方或者双方，都属于婚后共同财产，一人一半。事先另有书面约定的除外。

11. 婚前全款买房，婚后加了对方的名字，离婚时如何分割？

加名字的行为可以认定为赠与。

根据《民法典》第一千零六十二条的相关规定，属于夫妻共同财产，离婚时对半分割。

12. 妻子有权追回丈夫给"小三"的钱财吗？

有权。

根据《民法典》第一千零六十二条、第一百五十三条、第一百五十七条的相关规定，丈夫的行为侵犯了妻子对共有财产的处分权，且违背公序良俗，其赠与的民事法律行为无效，"小三"取得的财产应当予以返还。

《民法典》第一百五十三条：违反法律、行政法规的强制性规定的民事法律行为无效。但是，该强制性规定不导致该民事法律行为无效的除外。

违背公序良俗的民事法律行为无效。

《民法典》第一百五十七条：民事法律行为无效、被撤销或者确定不发生效力后，行为人因该行为取得的财产，应当予以返还；不能返还或者没有必要返还的，应当折价补偿。有过错的一方应当赔偿对方由此所受到的损失；各方都有过错的，应当各自承担相应的责任。法律另有规定的，依照其规定。

《民法典》第一千零六十二条规定，夫妻在婚姻关系存续期间所得的下列财产，为夫妻的共同财产，归夫妻共同所有：

（一）工资、奖金、劳务报酬；

（二）生产、经营、投资的收益；

（三）知识产权的收益；

（四）继承或者受赠的财产，但是本法第一千零六十三条第三项规定的除外；

（五）其他应当归共同所有的财产。

夫妻对共同财产，有平等的处理权。

夫妻共同债务

13. 如何认定夫妻共同债务？

根据《民法典》第一千零六十四条第一款的相关规定，夫妻双方共同签名或者未签名一方事后追认的，以及婚姻关系存续期间一方为家庭日常生活需要所负的债务，属于夫妻共同债务。

14. 单方大额借款，如何认定为夫妻共同债务？

根据《民法典》第一千零六十四条第二款的相关规定，一方借款超过家庭日常开支，但能够证明该债务用于夫妻共同生活和共同生产经营的，属于夫妻共同债务。

15. 夫妻一方借款，但经由另一方的银行账户办理，能否认定为夫妻共同债务？

根据《民法典》第一千零六十四条第一款的相关规定，应为夫妻共同债务。

16. 一方举债，配偶主动归还借款，能否认定为夫妻共同债务？

可以认定为夫妻共同债务。

根据《民法典》第一千零六十四条第一款的规定，主动归还借款的行为足以表明该配偶对债务既明知，又自愿承担。

《民法典》第一千零六十四条：夫妻双方共同签名或者夫妻一方事后追认等共同意思表示所负的债务，以及夫妻一方在婚姻关系存续期间以个人名义为家庭日常生活需要所负的债务，属于夫妻共同债务。

夫妻一方在婚姻关系存续期间以个人名义超出家庭日常生活需要所负的债务，不属于夫妻共同债务；但是，债权人能够证明该债务用于夫妻共同生活、共同生产经营或者基于夫妻双方共同意思表示的除外。

17.丈夫过度挥霍浪费，妻子如何保护自己的财产？

《民法典》第一千零六十六条第一款规定，一方有隐藏、转移、变卖、毁损、挥霍夫妻共同财产或者伪造夫妻共同债务等严重损害夫妻共同财产利益的行为，另一方可以向人民法院请求分割共同财产。

18.妻子重病，丈夫拒不花钱为其治疗，怎么办？

根据《民法典》第一千零六十六条第二款的规定，一方负有法定扶养义务的人患重大疾病需要医治，另一方不同意支付相关医疗费用，则可以向人民法院请求婚内分割夫妻共同财产。

父母子女关系

19.子女有权干涉父母再婚吗？

《民法典》第一千零六十九条：子女应当尊重父母的婚姻权利，不得干涉父母离婚、再婚以及婚后的生活。子女对父母的赡养义务，不因父母的婚姻关系变化而终止。

20. 非婚生子女有权继承生父的遗产吗?

《民法典》第一千零七十一条: 非婚生子女享有与婚生子女同等的权利, 任何组织或者个人不得加以危害和歧视。所以, 非婚生子女与婚生子女对生父的遗产有平等的继承权。

21.《民法典》对亲子关系的请求权, 父母和子女有区别。父母可以请求确认或者否认亲子关系; 子女只能请求确认亲子关系。

《民法典》第一千零七十三条: 对亲子关系有异议且有正当理由的, 父或者母可以向人民法院提起诉讼, 请求确认或者否认亲子关系。

对亲子关系有异议且有正当理由的, 成年子女可以向人民法院提起诉讼, 请求确认亲子关系。

22. 老张怀疑自己的孩子在产房被换, 怎么办?

《民法典》第一千零七十三条第一款规定, 对亲子关系有异议且有正当理由的, 父或者母可以向人民法院提起诉讼, 请求确认或者否认亲子关系。

23. 小王一直怀疑自己非父母亲生, 成年后向法院起诉, 请求确认亲子关系, 可行吗?

可行。

《民法典》第一千零七十三条第二款规定, 对亲子关系有异议且有正当理由的, 成年子女可以向人民法院提起诉讼, 请求确认亲子关系。

24. 非婚生子女有权要求亲生父母履行抚养义务吗?

《民法典》第一千零七十一条第二款规定, 不直接抚养非婚生子女的生父或者生母，应当负担未成年子女或者不能独立生活的成年子女的抚养费。

离 婚

25. 冲动离婚，30天内可以撤回吗？

可以。

《民法典》第一千零七十七条第一款规定，自婚姻登记机关收到离婚登记申请之日起三十日内，任何一方不愿意离婚的，可以向婚姻登记机关撤回离婚登记申请。

26. 法院判决不准离婚怎么办？

《民法典》第一千零七十九条第五款规定，经人民法院判决不准离婚后，双方又分居满一年，一方再次提起离婚诉讼的，应当准予离婚。

27. 老公出轨且家暴妻子，妻子应当如何主张自己的合法权利？

根据《民法典》第一千零七十九条、第一千零八十七条、第一千零九十一条的相关规定，协议离婚不成的，妻子可以向人民法院起诉要求离婚。法院根据财产的具体情况，按照照顾子女、女方和无过错方权益的原则判决，并且妻子有权请求损害赔偿。

28. 什么情况下男方不能提出离婚？

《民法典》第一千零八十二条：女方在怀孕期间、分娩后一年内或者终止妊娠六个月内,男方不得提出离婚;但是,女方提出离婚或者人民法院认为确有必要受理男方离婚请求的除外。

29.父母离婚,未满2周岁的孩子由谁来抚养?

根据《民法典》第一千零八十四条第三款的相关规定,离婚后,不满两周岁的子女,以由母亲直接抚养为原则。当然父亲应当依法支付抚养费。

30.离婚后不抚养子女的一方有子女探望权吗?如何落实?

《民法典》第一千零八十六条第一款规定,离婚后,不直接抚养子女的父或者母,有探望子女的权利,另一方有协助的义务。第二款规定,行使探望权利的方式、时间由当事人协议;协议不成的,由人民法院判决。

31.全职妈妈离婚时有权要求经济补偿吗?

有权。

《民法典》第一千零八十八条:夫妻一方因抚育子女、照顾老年人、协助另一方工作等负担较多义务的,离婚时有权向另一方请求补偿,另一方应当给予补偿。具体办法由双方协议;协议不成的,由人民法院判决。

32.离婚时,什么情况可以要求损害赔偿?

《民法典》第一千零九十一条规定,有下列情形之一,导致离婚的,无过错方有权请求损害赔偿:

(一)重婚;

(二)与他人同居;

（三）实施家庭暴力；

（四）虐待、遗弃家庭成员；

（五）有其他重大过错。

33.小张夫妻俩一时冲动，去民政局递交了离婚登记申请，冷静期内，在亲戚朋友的劝阻下小张后悔了，不愿意离婚了，该如何撤回离婚申请？

《民法典》第一千零七十七条：自婚姻登记机关收到离婚登记申请之日起三十日内，任何一方不愿意离婚的，可以向婚姻登记机关撤回离婚登记申请。

前款规定期限届满后三十日内，双方应当亲自到婚姻登记机关申请发给离婚证；未申请的，视为撤回离婚登记申请。

34.假如小张夫妻执意离婚，协议不成起诉至法院，其一子已满八周岁，一女未满两周岁，应当由谁抚养？

《民法典》第一千零八十四条：父母与子女间的关系，不因父母离婚而消除。离婚后，子女无论由父或者母直接抚养，仍是父母双方的子女。

离婚后，父母对于子女仍有抚养、教育、保护的权利和义务。

离婚后，不满两周岁的子女，以由母亲直接抚养为原则。已满两周岁的子女，父母双方对抚养问题协议不成的，由人民法院根据双方的具体情况，按照最有利于未成年子女的原则判决。子女已满八周岁的，应当尊重其真实意愿。

收 养

35. 独生子女家庭可以收养孩子吗？

根据《民法典》第一千零九十八条的相关规定，收养人无子女或者只有一名子女，且同时具备其他收养条件的可以收养。但根据《民法典》第一千一百条第一款的规定，有子女的收养人只能收养一名子女。

36. 玲玲今年42岁，单身，想去孤儿院收养一个孩子，收养手续该如何办理？

《民法典》第一千一百零五条：收养应当向县级以上人民政府民政部门登记。收养关系自登记之日起成立。

收养查找不到生父母的未成年人的，办理登记的民政部门应当在登记前予以公告。

收养关系当事人愿意签订收养协议的，可以签订收养协议。

收养关系当事人各方或者一方要求办理收养公证的，应当办理收养公证。

县级以上人民政府民政部门应当依法进行收养评估。

37. 外国人可以在中国收养子女吗？

可以。

《民法典》第一千一百零九条：外国人依法可以在中华人民共和国收养子女。

外国人在中华人民共和国收养子女，应当经其所在国主管机关依照该国法律审查同意。收养人应当提供由其所在国有权机构出具的有关其年龄、婚姻、职业、财产、健康、有无受过刑事处罚等状况的证明材料，并与送养人签订书面协议，亲自向省、自治区、直辖市人民政府民政部门登记。

前款规定的证明材料应当经收养人所在国外交机关或者外交机关授权的机构认证，并经中华人民共和国驻该国使领馆认证，但是国家另有规定的除外。

38.小红，女，38岁，未婚，欲收养一男孩为子，可以吗？

不可以。

《民法典》第一千一百零二条：无配偶者收养异性子女的，收养人与被收养人的年龄应当相差四十周岁以上。也就是说，无配偶女性收养男性也要受到年龄限制。

39.王新夫妻与收养的儿子关系一直不融洽，其儿子成年后，王新与其解除收养关系。请问其儿子是否仍对王新夫妇有给付赡养费的义务？

有。

《民法典》第一千一百一十八条：收养关系解除后，经养父母抚养的成年养子女，对缺乏劳动能力又缺乏生活来源的养父母，应当给付生活费。因养子女成年后虐待、遗弃养父母而解除关系的，养父母可以要求养子女补偿收养期间支出的抚养费。

生父母要求解除收养关系的，养父母可以要求生父母适当补偿收养期间支出的抚养费；但是，因养父母虐待、遗弃养子女而解除收养关系的除外。

六 继承编

一般规定

1. 遗赠扶养协议的时间晚于遗嘱，仍然有优先权吗？为什么？

有。

遗赠扶养协议实际上是一个双务有偿合同，而通过遗嘱获得利益的人为无偿取得遗产，因此《民法典》第一千一百二十三条设立了遗赠扶养协议的优先权。其继承的先后顺序为：遗赠扶养协议、遗赠、遗嘱、法定继承。这种法定的优先权不受时间先后的影响。

《民法典》第一千一百二十三条：继承开始后，按照法定继承办理；有遗嘱的，按照遗嘱继承或者遗赠办理；有遗赠抚养协议的，按照协议办理。

法定继承

2. 在农村，大部分家庭的遗产全部由儿子继承。这样的做法对吗？

不对。

《民法典》第一千一百二十六条：继承权男女平等。所以，女儿同样拥有继承权。

3. 继子女有遗产继承权吗？

有。

根据《民法典》第一千一百二十七条的相关规定，第一顺序继承人中的"子女"，指婚生子女、非婚生子女、养子女和有扶养关系的继子女。

4. 丧父孙子对爷爷的遗产有法定继承权吗？

有。

《民法典》第一千一百二十八条第一款：被继承人的子女先于被继承人死亡的，由被继承人的子女的直系晚辈血亲代位继承。

5. 丧偶儿媳对公婆有赡养义务和遗产继承权吗？

丧偶儿媳对公婆没有法定的赡养义务，也不是法定的遗产继承人。但是，《民法典》第一千一百二十九条规定，丧偶儿媳对公婆，丧偶女婿对岳父母，尽了主要赡养义务的，作为第一顺序继承人。

遗嘱继承

6.如何用录音、录像立遗嘱?

《民法典》第一千一百三十七条:以录音录像形式立的遗嘱,应当有两个以上见证人在场见证。遗嘱人和见证人应当在录音录像中记录其姓名或者肖像,以及年、月、日。

7.李先生已立遗嘱将名下财产平均分给子女继承,后因只有小儿子一人为其养老尽孝,临终前,李先生想把财产全部留给小儿子,怎么办?

《民法典》第一千一百四十二条:遗嘱人可以撤回、变更自己所立的遗嘱。

立遗嘱后,遗嘱人实施与遗嘱内容相反的民事法律行为的,视为对遗嘱相关内容的撤回。

立有数份遗嘱,内容相抵触的,以最后的遗嘱为准。

8.公证遗嘱不再享有优先权这种说法对吗?

《民法典》第一千一百四十二条第三款规定,立有数份遗嘱,内容相抵触的,以最后的遗嘱为准。

遗产的处理

9. 胎儿有遗产继承权吗?

《民法典》第一千一百五十五条：遗产分割时，应当保留胎儿的继承份额。胎儿娩出时是死体的，保留的份额按照法定继承办理。

10. 王某的妻子携19亿遗产嫁人再婚，其妻有权处分这些财产吗?

《民法典》第一千一百五十七条：夫妻一方死亡后另一方再婚的，有权处分所继承的财产，任何组织或者个人不得干涉。

11. 欠款人死亡，债务如何追偿?

根据《民法典》第一千一百六十一条、第一千一百六十二条的相关规定，债务由债务人的财产偿还。如果遗产被继承或遗赠的，可以要求继承人或者受赠人偿还债务，但以所得遗产实际价值为限。超过遗产实际价值的部分，继承人或者受赠人自愿偿还的不在此限。

12. 老王夫妇有财产，但年迈无子女照顾，老王夫妇欲以继承其财产为条件，和一家私立养老院签订养老合同。请问应该签订哪种合同?

《民法典》第一千一百五十八条：自然人可以与继承人以外的组织或者个人签订遗赠扶养协议。按照协议，该组织或者个人承担该自然人生养死葬的义务，享有受遗赠的权利。

限定继承

13. 人常言"父债子还",老武死后,其独生女儿放弃继承,那么老武生前的债务该如何偿还?

《民法典》第一千一百六十一条:继承人以所得遗产实际价值为限清偿被继承人依法应当缴纳的税款和债务。超过遗产实际价值部分,继承人自愿偿还的不在此限。

继承人放弃继承的,对被继承人依法应当缴纳的税款和债务可以不负清偿责任。

七 侵权责任编

一般规定

1. 明知醉酒驾驶，同饮者不进行阻拦，发生交通事故后需要承担责任吗？

《民法典》第一千一百六十五条：行为人因过错侵害他人民事权益造成损害的，应当承担侵权责任。依照法律规定推定行为人有过错，其不能证明自己没有过错的，应当承担侵权责任。同饮者不进行阻拦的行为属于过错行为，应当承担相应的侵权责任。

2. 已满18周岁的刘三和邻居小胖打架后，教唆自己9岁的弟弟刘四将石头抛向小胖家卧室，致使小胖家窗户玻璃被砸碎。责任应该由谁承担？

《民法典》第一千一百六十九条：教唆、帮助他人实施侵权行为的，应当与行为人承担连带责任。

教唆、帮助无民事行为能力人、限制民事行为能力人实施侵权行为的，应当承担侵权责任；该无民事行为能力人、限制民事行为能力人的监护人未尽到监护职责的，应当承担相应的责任。

3. 如何确立"自甘风险"规则?

《民法典》第一千一百七十六条：自愿参加具有一定风险的文体活动，因其他参加者的行为受到损害的，受害人不得请求其他参加者承担侵权责任；但是，其他参加者对损害的发生有故意或者重大过失的除外。

4. 李四骑自行车撞伤张三后逃走，张三将其自行车扣留。张三的行为违法吗?

不违法。

《民法典》第一千一百七十七条规定了"自助行为"制度，张三可以在必要范围内采取扣留侵权人的财物等合理措施，但是应当立即请求有关国家机关处理。

《民法典》第一千一百七十七条：合法权益受到侵害，情况紧迫且不能及时获得国家机关保护，不立即采取措施将使其合法权益受到难以弥补的损害的，受害人可以在保护自己合法权益的必要范围内采取扣留侵权人的财物等合理措施；但是，应当立即请求有关国家机关处理。

受害人采取的措施不当造成他人损害的，应当承担侵权责任。

损害赔偿

5. 李四的勋章被搬家公司弄丢，可以请求精神损害赔偿吗?

可以。

《民法典》第一千一百八十三条第二款规定，因故意或者重大过失侵害自然人具有人身意义的特定物造成严重精神损害的，被侵权人有权请求精神损害赔偿。

6.侵害他人知识产权被判高额赔偿，这样的判决结果合法吗？

合法。

《民法典》第一千一百八十五条：故意侵害他人知识产权，情节严重的，被侵权人有权请求相应的惩罚性赔偿。因此，知识产权侵权情节严重的，可能面临高额赔偿。

7.小蓝用三年时间写了一本专业性极强的书籍，初稿完成后让朋友帮助校稿，不料被朋友以自己名义送出版社出版发行。怎么办？

《民法典》第一千一百八十五条：故意侵害他人知识产权，情节严重的，被侵权人有权请求相应的惩罚性赔偿。

《民法典》第一千一百八十七条：损害发生后，当事人可以协商赔偿费用的支付方式。协商不一致的，赔偿费用应当一次性支付；一次性支付确有困难的，可以分期支付，但是被侵权人有权请求提供相应的担保。

责任主体的特殊规定

8.老冉醉酒后殴打妻子，致妻子脑震荡，老冉应当承担侵权责任吗？

《民法典》第一千一百九十条：完全民事行为能力人对自己

的行为暂时没有意识或者失去控制造成他人损害有过错的，应当承担侵权责任；没有过错的，根据行为人的经济状况对受害人适当补偿。

完全民事行为能力人因醉酒、滥用麻醉药品或者精神药品对自己的行为暂时没有意识或者失去控制造成他人损害的，应当承担侵权责任。

9.老王家的保姆在阳台晾衣服时，不小心将晾衣架从窗户掉出，正好打中楼下玩耍的邻居小孩，致其头部受伤。谁来承担责任？

《民法典》第一千一百九十二条：个人之间形成劳务关系，提供劳务一方因劳务造成他人损害的，由接受劳务一方承担侵权责任。接受劳务一方承担侵权责任后，可以向有故意或者重大过失的提供劳务一方追偿。提供劳务一方因劳务受到损害的，根据双方各自的过错承担相应的责任。

提供劳务期间，因第三人的行为造成提供劳务一方损害的，提供劳务一方有权请求第三人承担侵权责任，也有权请求接受劳务一方给予补偿。接受劳务一方补偿后，可以向第三人追偿。

10.赵四雇人贴瓷砖，工人干活时不小心导致他人受伤。由谁承担侵权责任？

由赵四承担。

根据《民法典》一千一百九十二条的规定，赵四与雇工构成雇佣关系，造成他人损害的，由接受劳务一方即雇主承担。接受劳务一方承担侵权责任后，可以向有故意或者重大过失的提供劳务一方追偿。

11. 保姆在工作中受伤能认定为工伤吗?

保姆与雇主之间是劳务关系，不是劳动关系，故不能适用《工伤保险条例》关于工伤的认定。应当依据《民法典》第一千一百九十二条关于个人劳务损害责任的相关规定认定。

12. 某家电公司派安装师傅给张三家安装空调，安装过程中，师傅自己不小心坠楼受伤，张三需要承担责任吗?

不需要。张三与空调师傅是承揽合同关系。

《民法典》第一千一百九十三条：承揽人在完成工作过程中造成第三人或者自己损害的，定作人不承担侵权责任。但是，定作人对定作、指示或者选任有过错的，应当承担相应的责任。

13. 遭受网络暴力该怎么办?

根据《民法典》第一千一百九十四条、第一千一百九十五条等相关规定，网络用户、网络服务提供者利用网络侵害他人民事权益的，应当承担侵权责任。权利人有权通知网络服务提供者采取删除、屏蔽、断开链接等必要措施。

14. 名誉权、肖像权遭到侵害，侵权人还将相关信息公布到网络上，受害人要求传播侵权内容的网络服务提供者承担连带责任，有什么法律依据吗?

《民法典》第一千一百九十四条：网络用户、网络服务提供者利用网络侵害他人民事权益的，应当承担侵权责任。法律另有规定的，依照其规定。

《民法典》第一千一百九十五条：网络用户利用网络服务实施侵权行为的，权利人有权通知网络服务提供者采取删除、屏蔽、断开链接等必要措施。通知应当包括构成侵权的初步证据及权利人的真实身份信息。

网络服务提供者接到通知后，应当及时将该通知转送相关网络用户，并根据构成侵权的初步证据和服务类型采取必要措施；未及时采取必要措施的，对损害的扩大部分与该网络用户承担连带责任。

权利人因错误通知造成网络用户或者网络服务提供者损害的，应当承担侵权责任。法律另有规定的，依照其规定。

15. 商场以放置了"小心地滑"标志牌为由，拒不赔偿摔伤的顾客，合法吗？

不合法。

仅放置"小心地滑"标志牌，并不能起到安全保障的作用。

《民法典》第一千一百九十八条：宾馆、商场、银行、车站、机场、体育场馆、娱乐场所等经营场所、公共场所的经营者、管理者或者群众性活动的组织者，未尽到安全保障义务，造成他人损害的，应当承担侵权责任。

16. 满8周岁未成年学生在校期间受到人身伤害，学校有责任吗？

《民法典》第一千二百条：限制民事行为能力人在学校或者其他教育机构学习、生活期间受到人身损害，学校或者其他教育机构未尽到教育管理职责的，应当承担侵权责任。

17. 魏某仇视社会，心生恶念。某一天他趁人不备，持刀进入某幼儿园，见人就乱砍，致三名儿童受伤，一人死亡。民事责任谁来承担？

《民法典》第一千二百零一条：无民事行为能力人或者限制

民事行为能力人在幼儿园、学校或者其他教育机构学习、生活期间，受到幼儿园、学校或者其他教育机构以外的第三人人身损害的，由第三人承担侵权责任；幼儿园、学校或者其他教育机构未尽到管理职责的，承担相应的补充责任。幼儿园、学校或者其他教育机构承担补充责任后，可以向第三人追偿。

产品责任

18.某酒厂生产的假酒，致多人中毒，一人死亡，受害人的民事赔偿金额均高于其他普通案件的民事侵权金额，对此类侵权是如何规定的？

《民法典》第一千二百零七条：明知产品存在缺陷仍然生产、销售，或者没有依据前条规定采取有效补救措施，造成他人死亡或者健康严重损害的，被侵权人有权请求相应的惩罚性赔偿。

机动车交通事故责任

19.将车借给没有驾照的人，发生交通事故需要承担责任吗？

应当承担相应的责任。

将车借给无驾照的人，属于车辆所有人、管理人对损害的发生有过错的情形。《民法典》第一千二百零九条：因租赁、借用等情形机动车所有人、管理人与使用人不是同一人时,发生交通事故造成损害,属于该机动车一方责任的,由机动车使用人承担赔偿责任;机动车所有人、管理人对损害的发生有过错的,承担相应的赔偿责任。

20.车已卖但未过户,发生交通事故由谁承担责任?

《民法典》第一千二百一十条:当事人之间已经以买卖或者其他方式转让并交付机动车但是未办理登记,发生交通事故造成损害,属于该机动车一方责任的,由受让人承担赔偿责任。

21.张三的出租车挂靠在某出租公司,在载客运营期间,张三不慎追尾发生交通事故,致顾客轻伤,被公安交警大队认定为张三负事故的全部责任。顾客损失谁来承担赔偿责任?

《民法典》第一千二百一十一条:以挂靠形式从事道路运输经营活动的机动车,发生交通事故造成损害,属于该机动车一方责任的,由挂靠人和被挂靠人承担连带责任。

《民法典》第一千二百一十三条:机动车发生交通事故造成损害,属于该机动车一方责任的,先由承保机动车强制保险的保险人在强制保险责任限额范围内予以赔偿;不足部分,由承保机动车商业保险的保险人按照保险合同的约定予以赔偿;仍然不足或者没有投保机动车商业保险的,由侵权人赔偿。

22.出售已报废车辆,发生交通事故后,谁来承担责任?

《民法典》第一千二百一十四条:以买卖或者其他方式转让拼装或者已经达到报废标准的机动车,发生交通事故造成损害的,由转让人和受让人承担连带责任。

23.盗抢车辆发生交通事故,责任谁来承担?

《民法典》第一千二百一十五条:盗窃、抢劫或者抢夺的机动车发生交通事故造成损害的,由盗窃人、抢劫人或者抢夺人承担赔偿损失。盗窃人、抢劫人或者抢夺人与机动车使用人不是同一人,发生交通事故造成损害,属于该机动车一方责任的,由盗窃人、抢劫人或者抢夺人与机动车使用人承担连带责任。

保险人在机动车强制保险责任限额范围内垫付抢救费用的,有权向交通事故责任人追偿。

24.发生交通事故后,驾驶人逃逸,案件暂未破获,责任谁来承担?

《民法典》第一千二百一十六条:机动车驾驶人发生交通事故后逃逸,该机动车参加强制保险的,由保险人在机动车强制保险责任限额范围内予以赔偿;机动车不明、该机动车未参加强制保险或者抢救费用超过机动车强制保险责任限额,需要支付被侵权人人身伤亡的抢救、丧葬等费用的,由道路交通事故社会救助基金垫付。道路交通事故社会救助基金垫付后,其管理机构有权向交通事故责任人追偿。

医疗损害责任

25.发生医疗事故后,被告应该是医生还是医院?
被告应当是医院。

《民法典》第一千二百一十八条：患者在诊疗活动中受到损害，医疗机构或者其医务人员有过错的，由医疗机构承担赔偿责任。

26. 未经患者及家属同意医院可否实施手术抢救？

《民法典》第一千二百二十条：因抢救生命垂危的患者等紧急情况，不能取得患者或者其近亲属意见的，经医疗机构负责人或者授权的负责人批准，可以立即实施相应的医疗措施。

27. 白某因难产大出血，在某县城医院输血，后发现感染艾滋病。于是白某向法院起诉，要求该医院承担民事责任。可行吗？

可行。

《民法典》第一千二百二十三条：因药品、消毒产品、医疗器械的缺陷，或者输入不合格的血液造成患者损害的，患者可以向药品上市许可持有人、生产者、血液提供机构请求赔偿，也可以向医疗机构请求赔偿。患者向医疗机构请求赔偿的，医疗机构赔偿后，有权向负有责任的药品上市许可持有人、生产者、血液提供机构追偿。

28. 李诗是一名中医，自己开设私人诊所。一天，李诗突发心梗，到某县医院抢救，当时需要进行溶栓治疗，但是李诗拒不接受该治疗方式，并用坚决的行动抗拒治疗，导致病情加重，后死亡。请问，该医院应该承担责任吗？

不承担责任。

《民法典》第一千二百二十四条规定，患者在诊疗活动中受到损害，有下列情形之一的，医疗机构不承担赔偿责任：

（一）患者或者其近亲属不配合医疗机构进行符合诊疗规范的诊疗；

（二）医务人员在抢救生命垂危的患者等紧急情况下已经尽到合理诊疗义务；

（三）限于当时的医疗水平难以诊疗。

前款第一项情形中，医疗机构或者其医务人员也有过错的，应当承担相应的赔偿责任。

29.医院大夫将受伤者的病历材料偷偷提供给侵害方看，需要承担责任吗？

《民法典》第一千二百二十六条：医疗机构及其医务人员应当对患者的隐私和个人信息保密。泄露患者的隐私和个人信息，或者未经患者同意公开其病历资料的，应当承担侵权责任。

30.潘小花未经丈夫同意，去某医院做了人工流产。后其丈夫以未经其本人同意为由去医院谩骂手术大夫，打砸医疗设备，严重影响了医院的医疗秩序。潘小花丈夫的行为应当承担怎样的民事责任？

《中华人民共和国妇女权益保障法》第五十一条：妇女有按照国家有关规定生育子女的权利，也有不生育的自由。因此，潘小花有权自主去做人流手术，可以不经其丈夫同意。

《民法典》第一千二百二十八条：医疗机构及其医务人员的合法权益受法律保护。

干扰医疗秩序，妨碍医务人员工作、生活，侵害医务人员合法权益的，应当依法承担法律责任。

31.某整容医院为收取费用，要求顾客做多项不必要的检查，该整容医院的做法合法吗？

不合法。

《民法典》第一千二百二十七条：医疗机构及其医务人员不得违反诊疗规范实施不必要的检查。

环境污染和生态破坏责任

32. 某公司被诉污染环境，应诉时如何举证？

《民法典》第一千二百三十条：因污染环境、破坏生态发生纠纷，行为人应当就法律规定的不承担责任或者减轻责任的情形及其行为与损害之间不存在因果关系承担举证责任。

33. 王某拆解废旧电瓶后加工铝锭，其排放的污水造成周边水源和土地污染，请问王某该如何承担赔偿责任？

《民法典》第一千二百三十五条规定，违反国家规定造成生态环境损害的，国家规定的机关或者法律规定的组织有权请求侵权人赔偿下列损失和费用：

（一）生态环境受到损害至修复完成期间服务功能丧失导致的损失；

（二）生态环境功能永久性损害造成的损失；

（三）生态环境损害调查、鉴定评估等费用；

（四）清除污染、修复生态环境费用；

（五）防止损害的发生和扩大所支出的合理费用。

高空危险责任

34. 李业擅自跨越围栏偷入水库钓鱼,不慎溺水身亡,水库管理者承担责任吗?

《民法典》第一千二百四十三条:未经许可进入高度危险活动区域或者高度危险物存放区域受到损害,管理人能够证明已经采取足够安全措施并尽到充分警示义务的,可以减轻或者不承担责任。

35. 老张在小区散步,被从居民楼上落下的一扇窗户砸伤。物业是否有责任?

根据《民法典》第一千二百五十四条的规定,如果物业未采取必要的安全保障措施,那么应当承担侵权责任。

36. 高空抛物致路人因躲闪摔伤,侵权人承担责任吗?

根据《民法典》第一千二百五十四条的相关规定,从建筑物中抛掷物品或者从建筑物上坠落的物品造成他人损害的,由侵权人依法承担侵权责任。虽然路人不是被抛掷物直接砸伤,但仍属于因抛掷物品造成他人损害的情形,侵权人应当承担侵权责任。

《民法典》第一千二百五十四条:禁止从建筑物中抛掷物品。从建筑物中抛掷物品或者从建筑物上坠落的物品造成他人损害的,由侵权人依法承担侵权责任;经调查难以确定具体侵权人的,除能够证明自己不是侵权人的外,由可能加害的建筑物使用人给予补偿。可能加害的建筑物使用人补偿后,有权向侵权人追偿。

物业服务企业等建筑物管理人应当采取必要的安全保障措施防止前款规定情形的发生；未采取必要的安全保障措施的，应当依法承担未履行安全保障义务的侵权责任。

发生本条第一款规定的情形的，公安等机关应当依法及时调查，查清责任人。

饲养动物损害责任

37.饲养非禁止饲养的动物，他人因故意逗弄被咬伤，饲养人是否需要承担侵权责任？

不需要。

《民法典》第一千二百四十五条：饲养的动物造成他人损害的，动物饲养人或者管理人应当承担侵权责任；但是，能够证明损害是因被侵权人故意或者重大过失造成的，可以不承担或者减轻责任。

38.邻居故意逗弄张三家的藏獒被咬伤，张三需要承担侵权责任吗？

需要。

藏獒是城市禁止饲养的危险动物，《民法典》第一千二百四十五条：禁止饲养的烈性犬等危险动物造成他人损害的，动物饲养人或者管理人应当承担侵权责任。

39.流浪狗咬伤路人谁负责？

《民法典》第一千二百四十九条：遗弃、逃逸的动物在遗弃、逃逸期间造成他人损害的，由动物原饲养人或者管理人承担侵权责任。

在公共道路上妨碍通行物品致害的侵权责任

40.在公共道路上堆放、倾倒、遗撒妨碍通行的物品造成他人损害的，责任由谁承担？

《民法典》第一千二百五十六条：在公共道路上堆放、倾倒、遗撒妨碍通行的物品造成他人损害的，由行为人承担侵权责任。公共道路管理人不能证明已经尽到清理、防护、警示等义务的，应当承担相应的责任。

林木致害的过错推定责任

41.宿玲带5岁儿子瑞瑞去某园区采摘苹果，进入园区后，瑞瑞被成熟坠落的苹果砸伤头部。请问园区有责任吗？

《民法典》第一千二百五十七条：因林木折断、倾倒或者果实坠落等造成他人损害，林木的所有人或者管理人不能证明自己没有过错的，应当承担侵权责任。